私鉄特急
追憶
乗車記

南 正時

旅鉄 BOOKS

天夢人
Temjin

私鉄特急追憶乗車記

目次

※本書は主に1960年代～現在までに著者が乗車し、または撮影した私鉄の特急をまとめた一冊です。当時、著者が撮影した写真で構成しておりますが、複数回乗車した列車もあり、掲載列車のイメージとして異なる乗車機会の写真などを組み合わせてまとめています。時刻表や路線図はその列車の代表的な年代のものを中心に掲載していますが、写真の列車、年代、本文の内容すべてが一致するものではありませんのでご了承ください。

はじめに

私鉄電車はカラーフィルムで撮るに限る

私が初めて乗った私鉄の有料特急は名古屋在住の18歳のとき、家族旅行だったか？　名古屋から特急「こだま」で上京して、浅草から東武「デラックスロマンスカー」で鬼怒川温泉へ行ったときのことである。当時の花形特急電車151系「こだま」から乗り継いで「デラックスロマンスカー」に乗ったのだから印象に残っているだろうと思うが、当時の記憶はおぼろげだが「こだま」車中の己が姿のスナップ写真が当時を呼び戻している。

私鉄特急は無料だった名鉄「パノラマカー」ですでに乗車済みだったが、今思えば両車とも随分個性的な電車だったわけだ。

田舎者の私は、これらの華やかな私鉄特急に魅せられたのは言うまでもなく、蒸気機関車亡き後は、新たに新幹線や近代車両を求めて、昭和50年代初頭から東武、小田急、名鉄、南海、近鉄の特急を大判カラーフィルムで撮り歩き、ケイブンシャの大百科『特急・私鉄大百科』(1976年9月初版)で発表した。

今回「私鉄有料特急」をまとめるにあたり、いろいろな資料を見たが、当時の第一世代の私鉄特急がカラー写真で残っていないのには驚いた。南海の20000系「こうや」などはウィキペディアですら車体の紹介は博物館の模型写真(2023年10月現在)だから、いかに記録が乏しいかがわかる。私はこの時代、大判フィルムか保存性を考えてコダクロームで撮影している。今、それらのフィルムをデジタル化して、今回の本で再録しているのだが、色調は自慢できるものばかりだ。この本の執筆をはじめて、改めて記録写真の重要性を感じたものだった。

私鉄電車はカラーフィルムで撮るに限る……、これが私の当時の教訓だった。

南 正時

東武鉄道

1720系

デラックスロマンスカー

DATA

運行期間	1960〜1991年
運行区間	浅草〜東武日光・鬼怒川公園
最高速度	時速110km
編成	6両編成
製造両数	42両（1720系）

陽春の北関東を走るデラックスロマンスカー　昭和50年代初頭、栗橋付近で撮影

浅草〜東武日光間は「けごん」号が、浅草〜鬼怒川公園間は「きぬ」号が運転していた。

東武日光線板荷〜下小代の築堤を走るDRC「きぬ」。当時から有名撮影地だった。

鬼怒川温泉駅に到着したDRC「きぬ」号、その特異なスタイルを間近で見られた。

関東平野を疾走するDRC「きぬ」、そのスタイルは鉄道ファンがカメラを向けた。

日光観光輸送のライバル国鉄に対抗してデビュー

戦後、東京と日光間の観光客輸送で国鉄としのぎを削っていた東武鉄道は、国鉄が投入した157系電車への対抗策として1960(昭和35)年、1720系デラックスロマンスカー(Deluxe Romance Car、DRC)の運転を開始した。当時の国鉄の花形列車、こだま型に対抗したような独特のボンネットスタイルと、それまでの水準を越えた豪華な車内設備で注目を集め、日光への観光輸送で東武の優位を築き上げた。DRCは好評を呼び、後に従来車の1700系も同様の車体に更新されて陣容を増強した。

私が初めて私鉄有料特急、つまりロマンスカーに乗ったのは1964(昭和39)年、18歳の時である。当時私は名古屋に居住していた。ということ、最初に乗った私鉄特急は196

日光杉並木を借景に走るDRC「けごん」、東武日光線上今市付近。

冬晴れの関東平野を走る「きぬ」号、美しい編成美は私の憧れの電車だった。新古河〜栗橋間、1978年1月撮影。

1(昭和36)年登場の名鉄「パノラマカー」ではないかと思われるかもしれないが、当時のパノラマカーは特急料金不要だったので、これはカウントに入れていない。

1964(昭和39)年、私は名古屋から国鉄特急「こだま」に乗って東京に行き、浅草から東武のデラックスロマンスカーことDRCに乗って鬼怒川温泉へと向かった。これが私鉄有料特急に乗車した初めての体験だった。

だが、この旅が家族旅行だったのか、友人たちとのグループ旅行だったのかは今となっては定かではない。さらにいえばDRCの写真も残っておらず、この旅の写真といえば白黒名刺判の「こだま」車中と、温泉宿で寛いでいる様子が残っているだけだ。

実は、この旅ではDRCよりも憧れの「こだま」に乗れた嬉しさのほうが印象に残っている。だが、DRCの初乗車の印象としては、ボンネ

これがDRC「神話」のひとつ、自動レコードプレイヤー「ジュークボックス」。

ットの左右からグーンと突き出した縦型のヘッドライトが、当時流行の日産セドリックの縦型ヘッドライトを彷彿させるスタイルだと感じたことを思い出す。

1両すべて外国人観光客 まるで国際列車の雰囲気

時はくだり、鉄道カメラマンになってからの1973(昭和48)年には、週刊誌のルポで日光までDRCに乗車した。その頃のDRCは、英語の話せる「スチュワーデス」と呼ばれる女性のアテンダントが乗客サービスを提供していて、主に外国人観光客らを相手に流暢な英語で接客していた。

当時は外国人客に日光への日帰り観光の人気が高く、朝7時〜9時台に出発する日光行きDRCのうち1両はこの日帰り観光のため旅行社がキープしていたようで、その際のルポでは1両すべての乗客が外国人と

Pioneer Point

サロンルームとジュークボックス

4号車のサロンルームには8脚の回転椅子とジュークボックスが設けられていた。このほか2号車と5号車にはビュッフェが設置され、スチュワーデスと呼ばれたアテンダントが飲み物やスナックなどのサービスを行っていた。

いう、まるで国際列車のような雰囲気の車内だったことをレポートしている。

DRCの特徴は、6両編成のうち4号車の一角に回転椅子などを設けたサロン室があったことで、出入り口付近の隅には音楽レコードが内蔵された「ジュークボックス」が置かれていた。

ジュークボックスとは、硬貨を投入するとレコードの自動演奏によってスピーカーから音楽が流れる機械で、1940年代にかけてアメリカで大ヒットし、戦後になって進駐軍が日本に持ち込んだといわれる。昭和30年代には国内でも喫茶店やダンスホールなどに設置されて全盛期を迎え、DRC車内のジュークボックスも外国人観光客に好評だったという。

アナログレコードのため揺れる車内では針飛びが心配されたが、特別な装置を備えていたと聞いた。しかし、レコード盤やレコード針の入手

車内乗車記

わたらせ渓谷鐵道神戸駅のレストラン「レストラン清流」は1720型デラックスロマンスカーの車両を再利用したもので、形式プレート(上)や、車内の座席(下)はほぼ当時のままに保存されている。座席では大型テーブルが設けられ食事を楽しむことができる。

DRCで活躍した東武鉄道最後の「赤帽」小森次郎さん。赤帽とはポーターのこと、かつては国鉄の東京、上野駅にも見られた。

が困難になり、1989(平成元)年に惜しくも廃止され、一般座席に改造されてしまった。サロン室とジュークボックスの存在は、独特のスタイルと合わせ、今でもDRCの豪華さを表す「神話」として語り継がれる存在だ。

初めて乗った私鉄特急への想い新旧のすれ違いを捉えて見送る

1960(昭和35)年から東武の誇る豪華特急として走り続けたDRCも寄る年波には勝てず、登場から30年を経た1990(平成2)年には後継車として美しい流線形の特急車、100系「スペーシア」が営業運転を開始した。

30年の歳月を経て古さを感じさせるようになったDRCと、スマートな流線形の「スペーシア」では、その新旧の対比は歴然であったが、私が人生で最初に乗車した私鉄特急であるDRCへの惜別の念は強く、新

「東武博物館」ではDRCの先頭車が保存展示されており、車内の様子を当時のまま体験できる。

デラックスロマンスカー Route

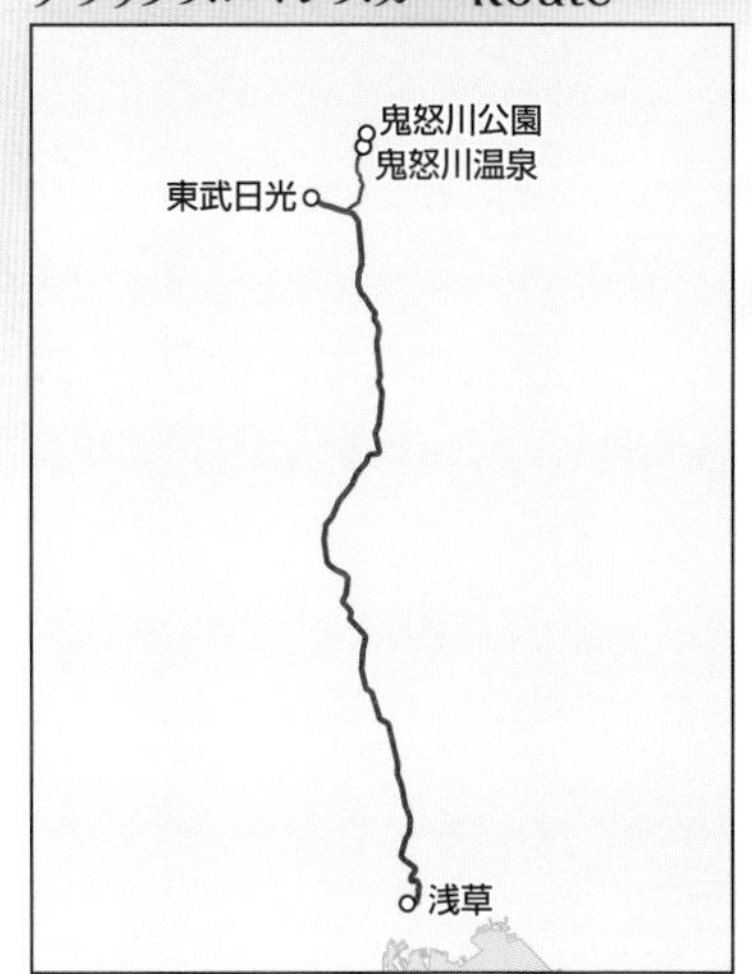

デラックスロマンスカー
「けごん」
1964年時刻表

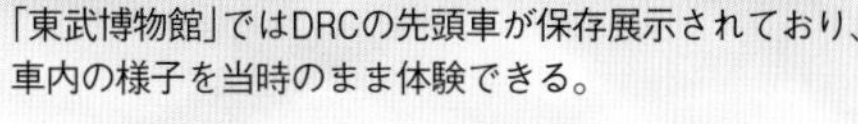

浅　草	発	7:00
東武日光	着	8:48

旧の特急車が共に運転されていたころ、ついにDRCとスペーシアが下今市付近ですれ違う瞬間を捉えることができた。これが私の、DRCへの最後のはなむけとしての嬉しいショットとなった。

ＤＲＣは１９９１（平成３）年に特急の座をスペーシアに譲って定期運用から退いたが、台車や主電動機などのさまざまな機器は１９９０（平成２）年から製造された急行（現在は特急に格上げ）「りょうもう」用の２００型に流用されており、一部の車両は座席もＤＲＣのものを使用した。２００型は車体を新製しているものの、ＤＲＣの更新車両という扱いだ。

また、東武博物館にもＤＲＣの先頭車が保存展示されており、往年の名車の在りし日の姿をしのぶことができる。

100系

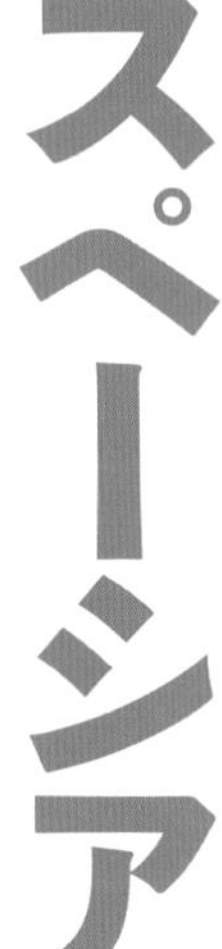

スペーシア

DATA

運行期間	1990年～現在
運行区間	浅草～東武日光・鬼怒川公園
最高速度	時速130km
編成	6両編成
製造両数	54両

日光連山を見て走る標準色のスペーシア。板倉東洋大前～栃木間、2023年2月撮影。

スペーシア
Memorial Graph

DRCに代わってスペーシアが登場した頃、"奇跡"の出逢いを捉えた。

スペーシアは2011年から2015年にかけては、「サニーコーラルオレンジ」、「粋」「雅」「日光詣スペーシア」という4つの基調の塗色となった。それぞれに見た目も楽しいものばかりで、私の贔屓は「江戸紫」といわれる紫色のスペーシア「雅」(右)だ。

DRCの後を継ぐ豪華特急 スカイツリーとともに進化

老朽化した1720系DRCに代わる日光・鬼怒川への観光特急として、1990(平成2)年6月にデビューしたのが100系電車「スペーシア(SPACIA)」だ。スペーシアはDRCのクラシカルなボンネットとは異なり、大きく突き出したボンネットスタイルながらも丸みを帯びたデザインが特徴。車内はグループ客向けとして、浅草方の6号車にヨーロッパの鉄道のコンパートメントを思わせる4人用個室を6室備えている。通路にはカーペットが敷かれ、まるでホテルのロビーのような豪華さを誇っている。このほか、3号車にはビュッフェも設けられた。

スペーシアの歴史で特筆すべき点は、2006(平成18)年3月に開始したJR新宿〜東武日光・鬼怒川温泉間の相互直通運転だろう。かつて

スペーシア「けごん1号」1990年時刻表

浅草	発	7:20
新栃木	発	8:28
新鹿沼	発	8:43
下今市	着	9:00
	発	9:01
東武日光	着	9:08

「日光詣スペーシア」といわれるゴールド電車が東武日光線利根川橋梁を渡る。

スペーシア Route

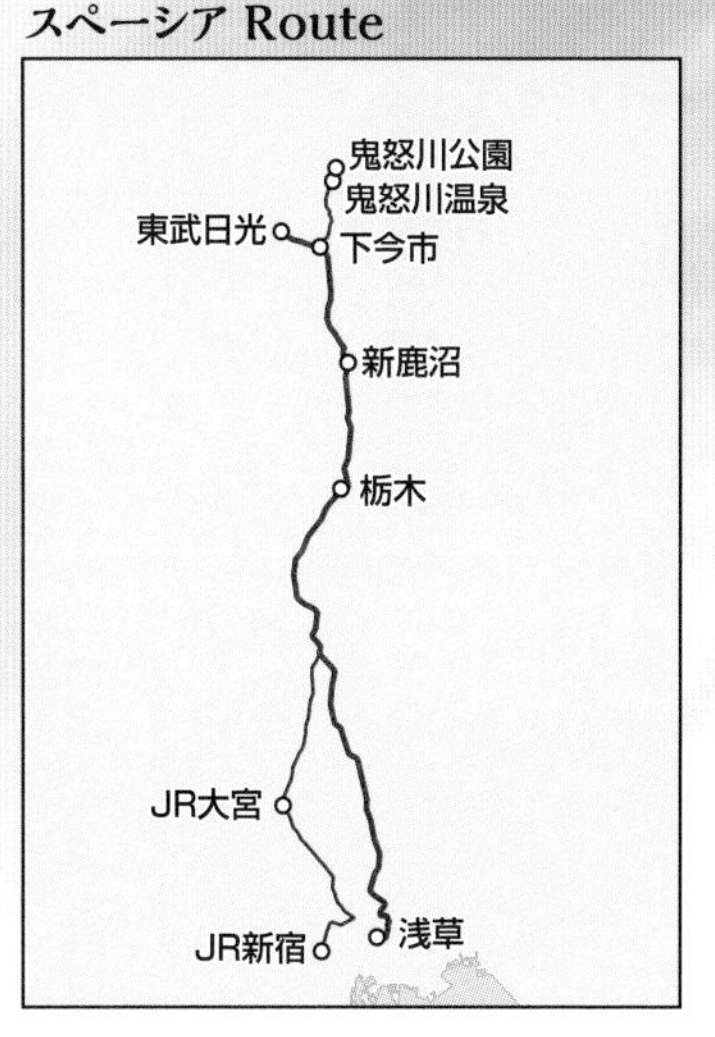

2021年12月には「DRCカラー」のロイヤルベージュにロイヤルマルーンの帯のスペーシアも登場。復古調として今も人気が高い。

日光の観光輸送で激しい競争を展開した国鉄の後継であるJRとの乗り入れは大きな注目を集めた。直通列車には東武がスペーシアを投入し、JR東日本は「成田エクスプレス」で使用されていた253系をリニューアルした車両を導入した。

2008(平成20)年に東京スカイツリーが着工してからは、スペーシアは少しずつ高くなっていく建設中のスカイツリーを見つめながら走り続けてきた。そして2011(平成23)年からは、翌年の東京スカイツリー開業に合わせて3編成ずつ水色、紫色、サニーコーラルオレンジのカラーにリニューアルされ、装いを新たにした。

さらに2015(平成27)年には「日光東照宮四百年式年大祭」を記念し、金色に輝くカラーの「日光詣スペーシア」が登場。2021(令和3)年にはDRCの復刻塗装車も登場し、ファンの人気を集めている。

500系

リバティ

浅草を発車するときには東武日光行きの「リバティけごん」と会津田島行きの「リバティ会津」が連結している。

DATA

運行期間	2017年～現在
運行区間	浅草～東武日光・鬼怒川公園・会津田島・赤城・館林・伊勢崎・大宮・柏、大宮～柏
最高速度	時速120km
編成	3両編成（最大6両）
製造両数	51両

新雪の南会津を走る「リバティ会津」、会津の里山に近代車両がフィットする。会津鉄道会津高原尾瀬口～七ヶ岳登山口間。

特急「リバティ会津」は東武鉄道、野岩鉄道を経由して会津鉄道の会津田島まで直通運転する列車だ。

乗車記
2022年

時間帯によっては下今市駅で「SL大樹」と顔を合わせることもある。

上／氷結した五十里湖の湯西川橋梁を渡る。
下／雪深い会津高原尾瀬口に到着。ここからは会津鉄道を進む。

会津鉄道に入ると風景が一変して銀世界に。美しいアーチ状のコンクリート橋梁を渡る。

大手私鉄で唯一雪国に舞う 特急「リバティ」５００系

特急「リバティ」５００系は、東武鉄道が北関東に張り巡らす都市間ネットワークを活かしたビジネスユーザー向けの特急として２０１７(平成29)年にデビューした。車内設備も無料Ｗｉ-Ｆｉ環境を整備し、各座席にコンセントを設置している。分割・併合の自在な３両編成であるところも特徴だ。

ところがビジネス向け特急のリバティに思わぬサプライズの旅が存在していたのだ。大手私鉄の特急で「雪国」を走る電車はあるだろうか？　そう、リバティこそ雪深い南会津まで東京(浅草)から直行できる列車なのだ。かつて国鉄にＳＬが残っていた時代、南会津に撮影に通っていた私は、雪国直行の「リバティ会津」に乗り込んで、白銀の中を走る私鉄特急の旅を楽しんだ。

東武「リバティ会津101号」2023年時刻表

浅草	発	6:30
とうきょうスカイツリー	発	6:33
北千住	発	6:43
春日部	着	7:03
	発	7:04
板倉東洋大前	着	7:27
栃木	着	7:40
	発	7:42
新鹿沼	発	7:56
下今市	着	8:13
（リバティけごん1号を分割）		
下今市	発	8:17
新高徳	着	8:29
東武ワールドスクウェア	着	8:33
鬼怒川温泉	着	8:37
	発	8:38
鬼怒川公園	着	8:42
新藤原	着	8:46
	発	8:48
川治温泉	着	8:54
湯西川温泉	着	9:01
上三依塩原温泉口	着	9:13
会津高原尾瀬口	着	9:23
	発	9:24
会津田島	着	9:40

Column

C11形が走ったかつての国鉄会津線

国鉄時代の会津線にはC11形が旅客、貨物列車を牽いて走っていた。最後まで走った254号機は九州の早岐機関区から会津若松に移動して来たため、かっこいい九州独特の門デフを付けていた。1975年に廃車され会津田島駅前に保存されている。

1974年、田島駅構内の現役C11形254号機。

現在は会津田島駅前に静態保存中。

「リバティ会津」Route

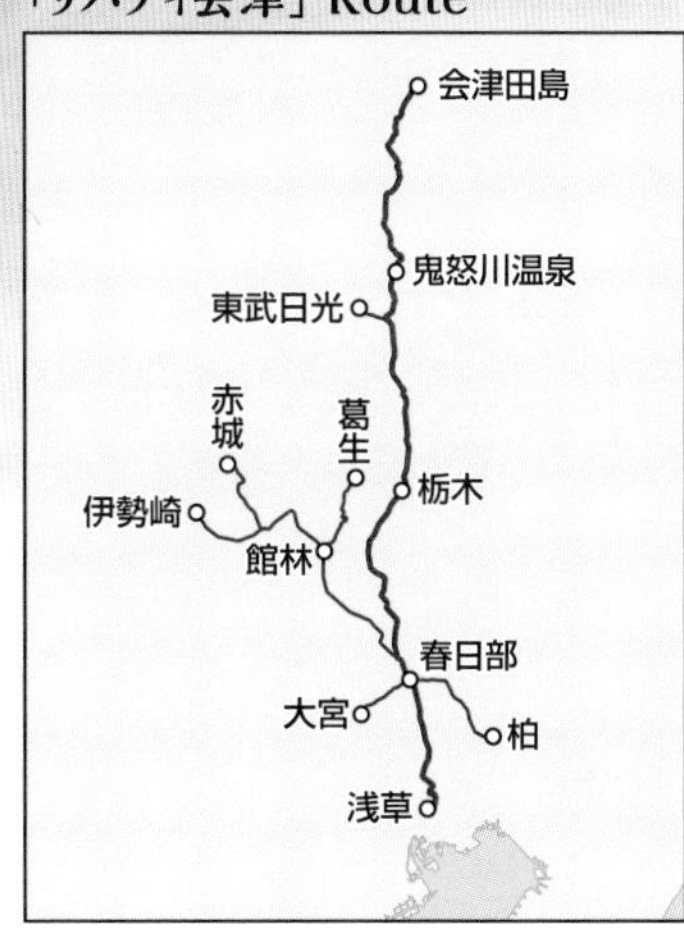

終着の会津田島到着、ここで折り返しまでしばし休憩。

「リバティ会津」は、浅草を出るときは「リバティ日光」と併結した3＋3両の6両編成だが、鬼怒川線の分岐駅、下今市駅で日光行きと会津田島行きに分割され、「リバティ会津」は鬼怒川線、野岩鉄道、そして会津鉄道を経由して一路会津田島へと向かう。

SL時代の1970年代は、会津田島までは東北本線経由で大まわりして、さらに会津若松から国鉄会津線でアクセスしたものだ。都心から会津田島まで直通してくれる「リバティ会津」は、私には隔世の感といったところである。

野岩鉄道の湯西川温泉駅のトンネルを抜けると五十里湖の湖面は氷結した雪景色だ。そして県境のトンネルを出れば一面の銀世界。南会津は豪雪地帯で知られているが、この日のリバティは雪の積もる中でも遅れることなく定時に会津田島駅にすべり込んだ。

東武鉄道5700系

1950年代に入ると国鉄と東武の間では競合が激しくなっていった。そこで東武では新型特急用電車を投入した。5700系電車は東武鉄道が本格的な特急用車両として1951（昭和26）年～1953（昭和28）年にかけて製造され、浅草—東武日光間特急「けごん」・浅草—鬼怒川温泉間特急「きぬ」として運用された。1957（昭和32）年9月には急行用へ格下げとなり、全編成が急行用として運転されるようになり、1960（昭和35）年に登場した1720系デラックスロマンスカーに代わった。

5700系は快速、普通電車に「格下げ」されても根強いファンがいた。1991年に廃車になる前、鉄道愛好者が「けごん」のヘッドマークをつけて特別運転をした。

モハ5701

5700系は1951（昭和26）年11月、A編成・B編成とに分けられ誕生。A編成が流線型「ネコひげ」と呼ばれていた。5700系廃車後は保存車のモハ5701の先頭車を、東武博物館オープンに合わせて、製造当初の「猫ひげ」の愛称がある非貫通の二枚窓に復元され保存展示されている。

車内の座席も当時の転換クロスシートに復元された。

東武1800系

伊勢崎線の輸送力増強と北関東へのビジネスマン対応に1969(昭和44)年9月に登場したのが1800系急行「りょうもう」である。大きな窓が愛らしいことから「ペコちゃん」の愛称で呼ばれていた。「りょうもう」は1999(平成9)に特急に昇格し、1800系は多くが300・350型に改造され、野岩鉄道経由会津鉄道直通の急行「南会津」などに使用されたが、2022(令和4)年3月のダイヤ改正で定期運用を終了した。特急「りょうもう」は200型車両で運行中。

200型「りょうもう」

浅草駅～赤城駅間を伊勢崎線・桐生線経由で運行している北関東エリアをネットワークしている特急で、両毛地区へのビジネス客や休日には観光客の利用も多い。わたらせ渓谷鐵道へは赤城駅で接続している。写真は2021(令和3)年8月から1編成が1800系時代のローズレッドにホワイトのラインを2本配した復刻カラーで登場した。

N100系「スペーシア X」

2023(令和5)年7月15日に運行開始した「スペーシア X」は浅草～日光・鬼怒川温泉を結ぶ、東武鉄道の最新特急列車で、客室内はこれまでにない様々な座席のカテゴリーを備えている豪華列車に仕上がっている。「X」とは旅体験(Experience)を意味し、鹿沼組子の象徴的な「X」模様が随所にデザインされている。

東武鉄道南栗橋車両管区（車両基地）にそろった東武鉄道の特急。
右からリバティ、スペーシア、りょうもう（台湾鉄路バージョン）。

Column

2009年11月23日
業平橋で撮影。スカイツリーの工事進捗を見て初めて撮影したのがこの写真である。もう少し早くと、悔やまれた。

スペーシアは東京スカイツリーの工事進捗を見てきた。

スペーシアの取材では東京スカイツリーの工事の進捗状態を見て撮影を行ってきた。あの東京タワーで果たせなかった取材を達成させたかったからだ。次第に伸びてゆくスカイツリーを見ていると、沿線の風景も変わって行ったのが印象に残る。

2010年8月31日
源森橋からのスナップ。屋形船が停泊する舟泊の風景が懐かしい。今は護岸工事を終えて風景は一変した。

2010年9月3日
隅田川を行くスペーシア。この時は天空に手塚治虫描く「火の鳥」に似た雲が現れた。この年12月に500mを越えた。

小田急電鉄

3100形

ロマンスカーNSE

DATA

運行期間	1963〜1999年
運行区間	新宿〜小田原・箱根湯本・片瀬江ノ島
最高速度	時速110km
編成両数	11両
製造両数	77両

桜花爛漫の箱根路を行く小田急ロマンスカーNSE。かつて小田原〜箱根湯本間のレールは箱根登山鉄道と供用のため三線軌条だった。

ロマンスカーNSE
Memorial Graph

渋沢～新松田間の大カーブを行くNSE。1980年ごろ撮影。

前面に展望室を設けた本格的観光特急の始祖

都内山手に住んでいる私の旧知の友が言う。「子供のころは小田急ロマンスカーに乗って箱根に行くのが楽しみでねぇ」と。東京の子供たちにとって、ロマンスカーは憧れの特急電車だった。

戦前の開業直後、流行歌の歌詞で「いっそ小田急で逃げましょか」と男女の逃避行に歌われた小田急。ロマンスカーのルーツは、戦前に運転された新宿～小田原間の観光電車「週末温泉急行」とされる。

戦後になって、小田急の特急はロマンスカーと呼ばれるようになった。現在につながるロマンスカーの第1号で、小田急も「初代」としているのは1957(昭和32)年にデビューした3000系SE(Super Express)で、国鉄東海道線で行った速度試験では当時の狭軌世

秦野の築堤を新宿に向けて快走するNSE。1984年ごろから前面列車表示が電動字幕式に変わった。

秦野の築堤上でLSEとすれ違うNSE、長く活躍したNSEも新しいロマンスカーに代わってゆく過程だった。

界最高速度145km/hを記録している。

そして2代目が、誰もが知っている前面展望室付きのロマンスカー3100系NSE(New Super Express)だ。1963(昭和38)年から順次入線し、同年3月14日には小田急線内で試運転中に130km/hの速度を記録した。同月16日に運行を開始すると、展望席付きの華麗な流線形の電車は小田急ロマンスカーのフラッグシップトレインとなり、このスタイルこそが当時の子供達の憧れのロマンスカーだった。

3号車・9号車の車端部には喫茶カウンターを設置した。ここを拠点に行う飲み物などのシートサービスはSEより前の特急車から続く小田急ロマンスカーの特徴だった。当初は日東紅茶が提供し、NSE登場時に森永エンゼルが参入して共同営業となった。このサービスは「走る喫茶室」と呼ばれ、ロマンスカー乗車

NSEの出入り口にはアテンダントが迎えてくれた。彼女たちはこのあと車内販売を担当していた。

新松田のカーブを行くNSE。ここへはよく撮影に通ったものだ。

時には子供たちの楽しみのひとつだった。

ＮＳＥは展望席を設けた観光特急だが、そのデビュー2年前の１９６１(昭和36)年には、展望席付き電車として名古屋鉄道７０００系「パノラマカー」が登場していた。ただ、当時の名鉄は観光用ではなく通勤通学にも運用される無料の自由席車両だったため、本格的に観光用となったのはＮＳＥが日本初だ。

その後の観光列車デザインに多大な影響を与えた展望車両

この2つの展望席付き電車には「確信犯」的な開発のエピソードがある。名鉄パノラマカーは、ヨーロッパの鉄道視察に出かけた名鉄の社長が、イタリアで展望室を設けた急行列車「セッテベロ」を見て大いに気に入り、帰国後に同じような電車を作るように、と訓示して造られたといういきさつは有名である。次に

NSEの車内見通し、座席は当時の国鉄の特急座席にリクライニングを加えていた。小田急ロマンスカーミュージアム内覧会で撮影。

ロマンスカー
「第1はこね」
1966年時刻表

新　　宿	発	7:29
小 田 原	発	8:35
箱根湯本	着	8:57

ロマンスカーNSE Route

私の好みから言えばNSEのフォトスポットはやや下から見上げたフォルムが、かっこよく見えて好きだった。

小田急が「セッテベロ」のデザインを参考に3100形NSEを、観光特急の威厳を保ちながら登場させたのだ。

日本の私鉄車両の歴史に燦然と輝く小田急ロマンスカーNSEも、1980年代に入ると老朽化が進んだ。1990年代半ば以降は次世代のロマンスカーに道を譲り、1999(平成11)年7月に定期運用を終えた。イベント車両「ゆめ70」に改造された編成はその後も団体臨時列車などに活躍したが、こちらも2000(平成12)年に引退した。

車両の先頭部に展望席を設けた構造の列車は、その後国鉄民営化時やJR発足後のジョイフルトレインに数多く登場し、北海道ではディーゼルカーによる観光列車も登場した。いかに小田急ロマンスカーがその後の観光列車に影響を与えたかが理解できようというものだ。

3000形

ロマンスカーSE

DATA

運行期間	1957〜1991年
運行区間	新宿〜箱根湯本・片瀬江ノ島・御殿場
最高速度	時速110km
編成両数	8両→5両
製造両数	32両

SuperExpress SE車がデビューしたとき、その姿を初めて見た当時の人々はその斬新な姿に驚いたであろう。私もすっかり魅せられた。

ロマンスカーSE
Memorial Graph

1968年7月から3000形準急行「あさぎり」として国鉄御殿場線に乗り入れ運転を果たし、1991年3月にSE急行「あさぎり」は引退した。

世界スピード記録に輝いた高速車両3000形SE車

近代小田急ロマンスカーの第1号は「SE車」と呼ばれた3000形で、航空機の技術を採り入れた画期的な軽量・低重心のモノコックボディ、連接車体の高速車両として1957(昭和32)年にデビューした。

SE車で特筆されるのは、デビュー同年の9月27日、国鉄東海道本線で行われた速度試験で最高速度145km/hを記録したことだ。小田急線内ではこれに先駆けて同年6月に試運転を開始、127km/hという速度を記録したものの、カーブの多い小田急線ではこれ以上の速度は困難と考えられた。そこで、当時でも異例だった国鉄線上での私鉄車両を使った試験が行われることになった。この際達成した145km/hは当時の狭軌鉄道における世界最高速度記録で、その後の新幹線を含む国鉄の

ロマンスカー
「あさぎり1号」
***1968*年時刻表**

新　宿	発	7:50
松　田	発	9:04
山　北	発	9:11
駿河小山	発	9:26
御殿場	着	9:38

上／柿生付近を走る特急「あしがら」に使用されたSE。1978年撮影。　下／秦野の築堤を快走する「あさぎり」1990年撮影。SE車は設計最高速度140km /hをオーバーする高速電車だった。

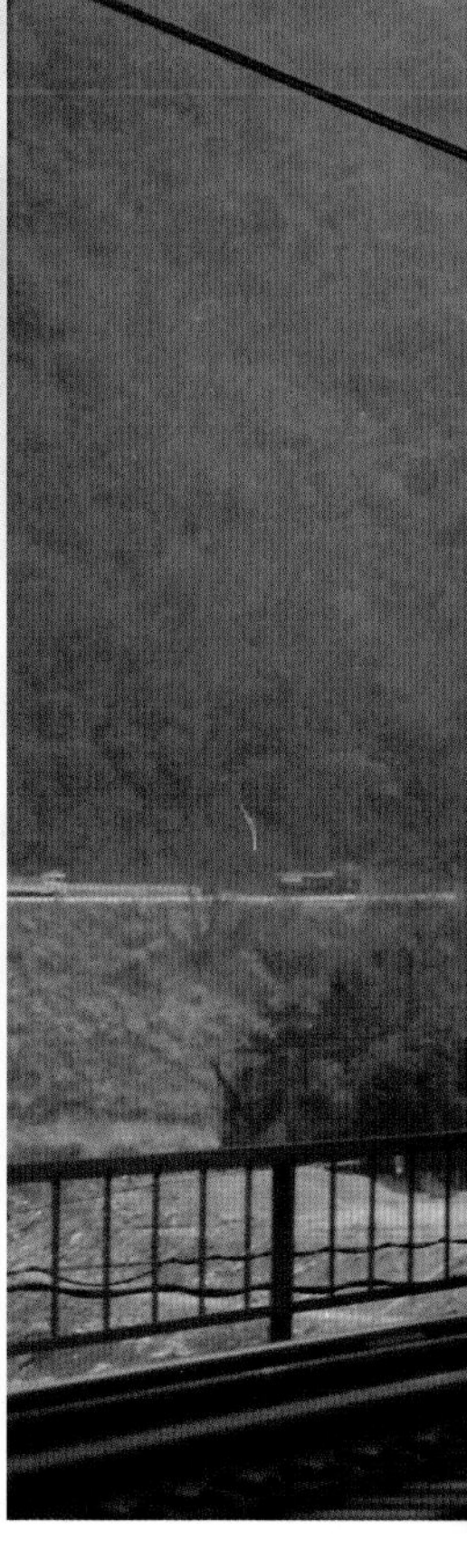

ロマンスカーSE Route

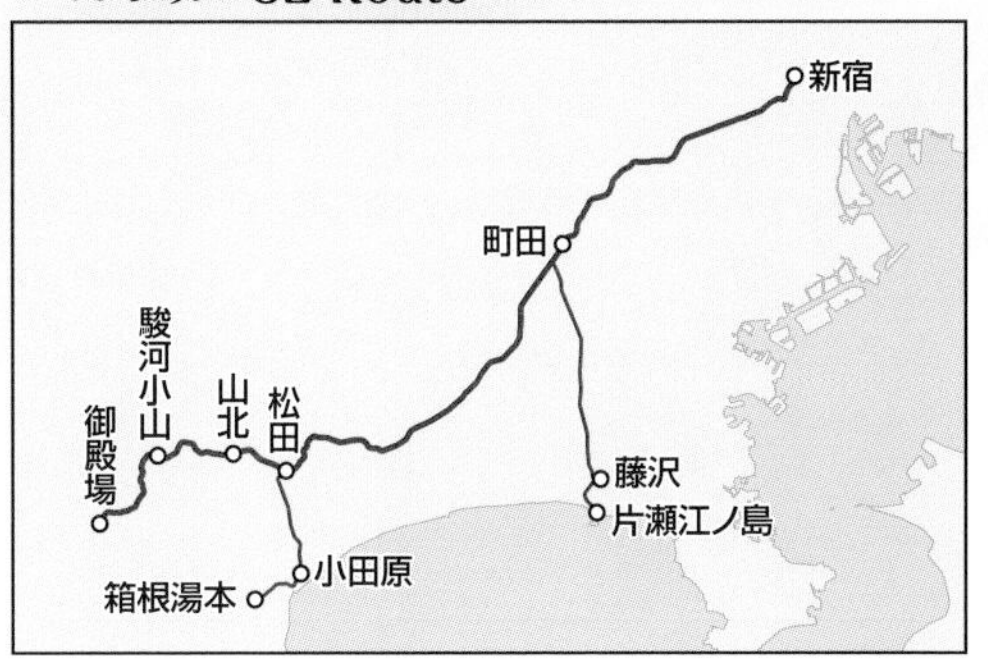

電車特急開発に数多くの貴重なデータを提供することとなった。

小田急線内では1957（昭和32）年から営業運転に投入され、それまでの電車と一線を画したデザインから好評を博したが、NSEの登場で看板車両の座を譲り、1968（昭和43）年の国鉄御殿場線電化時には、それまでディーゼルカーで運転していた直通列車の後を引き継ぐため、8両連接から5両連接へと改造された。その姿は大きく変わり、SSEとも呼ばれるようになった。

その後は御殿場線直通の「あさぎり」をはじめ、小田急線内の「さがみ」「あしがら」「えのしま」などに使われたが、「あさぎり」に新型車両が投入され、1991（平成3）年3月15日の「あさぎり8号」が、定期運用最後の列車となった。現在は海老名駅隣接の「ロマンスカーミュージアム」でその姿を見ることができる。

7000形

ロマンスカーLSE

DATA

運行期間	1980～2018年
運行区間	新宿～箱根湯本・片瀬江ノ島・唐木田
最高速度	時速110km
編成両数	11両
製造両数	44両

新雪の富士山をバックに新宿に向かう小田急ロマンスカーLSE「はこね」。新松田～渋沢間、2017年12月撮影。

1979年、愛知県豊川市の日本車輌からEF58形に牽かれた甲種輸送で国鉄飯田線を走った。この時、LSEを初めて見た。

LSEは試乗会も多く行われた。ヘッドに飾りをつけた試乗会電車。

新松田のカーブを切って走る運転間もない頃のLSE

桜咲く箱根路へ乗り入れた箱根登山線を行くLSE「はこね」。

乗車記
*1980*年

1980年12月25日にLSEは新宿駅で完成記念式典が行われ、ヘッドマークを付けた試乗会電車が発車した。営業開始は27日からだった。

登場から引退まで追い続けた思い出のロマンスカーLSE

初代展望室付きロマンスカー3100形NSEの後継車として1980(昭和55)年12月に登場したロマンスカーが7000形LSE(Luxury Super Express)だ。そのスタイルはNSEのデザインイメージを踏襲しつつ、よりシャープな流線形に変化し、車内の居住性も向上を図った。車体の塗装はSEから続く「ロマンスカー塗装」を受け継いでいる。

昭和50年代は国鉄においても特急が華やかな時代で、私鉄も競って豪華特急を走らせていた時代でもありLSEも大きな注目を集めた。思えばLSEが初めて姿を現した1980(昭和55)年に、愛知県豊川市の日本車輌から国鉄飯田線を甲種輸送でEF58形電気機関車に牽かれて走る完成直後のLSEを見た感激は今も

本線上に出ると展望室からはいろいろな小田急の電車とすれ違う光景に一喜一憂した。

当時は発車するとすぐ車掌の車内検札が始まった。

さすがは観光地「箱根」に向かう行楽電車で、車内はたちまち和気あいあいのムードになった。

発車すると「走る喫茶室」のアテンダントが車内販売のアナウンスを行う。

記憶に残っている。

当時は国鉄でも新形特急用車両の開発を進めており、その一環として、通常のボギー車と連接車の(高速)比較試験を国鉄線上で行うことになった。国鉄には連接車がなかったため、小田急のＬＳＥ車を借り入れ、ボギー車の１８３系と共に走行試験が行われた。

ＬＳＥのデビューに当たっては小田急もＰＲに熱心で、一般客や鉄道趣味団体、報道関係者を招き数回にわたり試乗会が開催された。私も試乗会に参加し、ＬＳＥの姿にすっかり魅せられてしまった。というのはＮＳＥの登場時には私はまだ若く、十分な知識と取材経験もないころだったので、ＬＳＥはかなり力を入れた取材を行ったからだ。

ＬＳＥは幾度となく試運転を実施した後、１９８０(昭和55)年12月25日に新宿駅で完成記念式典が開催され、同月27日には箱根湯本行き「は

多摩川を渡り郊外に出ると展望室からの眺めもワイドに感ずる。SE車との出合いもドキドキした。

乗客もグループが多く、座席を向かい合わせてリラックスしていた。

これ」として営業運行を開始した。運転開始後はNSEも共通運用で、ロマンスカーの両雄の出逢いは鉄道写真家にとっては絶好の被写体だった。私は秦野付近で両車のすれ違いを偶然にも撮っているが、この時はNSEへの惜別の情からか、LSEの車体の一部がフレームから欠けていて、悔やむことしきりであった。多くのファンに支えられ、1981(昭和56)年には鉄道友の会選定のブルーリボン賞を授賞している。

人気上々の新型看板特急同乗取材の依頼も次々と

LSEの人気は上々で、運転開始直後には鉄道雑誌、旅行雑誌などから「同乗記」の依頼が多くあり、何度となく新宿~箱根湯本間を往復したものである。この頃、私は「鉄道大百科シリーズ」を刊行しており、その本でも同乗取材をしたことがある。この本は低学年向けなので、そ

冬の天気が良い日には新松田を出ると富士山の雄姿が箱根外輪山越しに見える。開成付近。

ロマンスカー「第17はこね」1980年時刻表

新宿	発	11:30
小田原	着	12:42
箱根湯本	着	13:02

ロマンスカーLSE Route

このグループは「箱根フリーパス」を持って箱根を旅するという。

の昔私が知人から聞いていた「小田急ロマンスカーに乗って箱根に行くのが夢だった……」という子供心を大切に、分かりやすく小田急ロマンスカーを解説して、子供たちの旅気分でＬＳＥの旅をレポートした。

そんなＬＳＥも次第に主力の座を次世代のロマンスカーに譲り、本命の箱根特急は新型ロマンスカー１００００形ＨｉＳＥや５００００形ＶＳＥへと移り変わっていった。そして２０１８（平成30）年7月10日に定期運用から外れ、同年10月に全車引退した。

ＬＳＥは日本車輌豊川工場から回送される場面から、引退までのすべてを見届けているだけに、晩年は積極的にその姿を追った。私がラストショットを撮ったのは２０１７（平成29）から２０１８年にかけての冬、新雪を頂いた富士山とＬＳＥを撮るべく新松田と開成間に何度も通い惜別のシャッターを切った。

10000形

ロマンスカーHiSE

DATA

運行期間	1987〜2012年
運行区間	新宿〜箱根湯本・片瀬江ノ島・唐木田
最高速度	時速110km
編成	11両
製造両数	44両

冬晴れの相模路を快走するハイデッカーロマンスカーHiSE10000形。伊勢原～鶴巻温泉間、1988年1月撮影。

1987年12月23日の10000形「第７はこね」の出発式。

1987年12月に行われた報道陣向け試乗会は雪の日だった。新百合ヶ丘で折り返しを待つ。

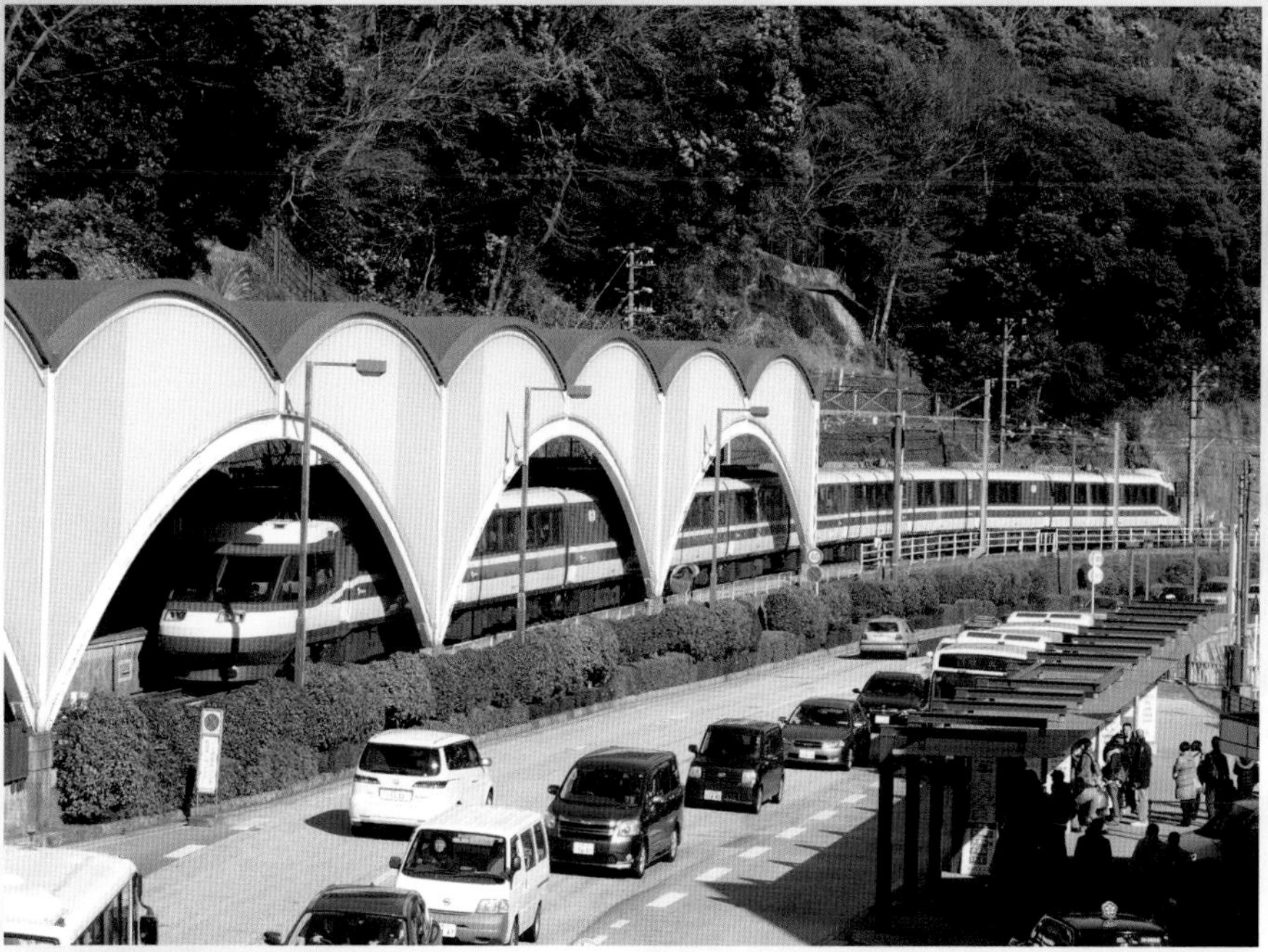

特徴ある箱根湯本駅に到着したHiSE、引退のカウントダウンが始まるとファンが別れを惜しみ乗車した。

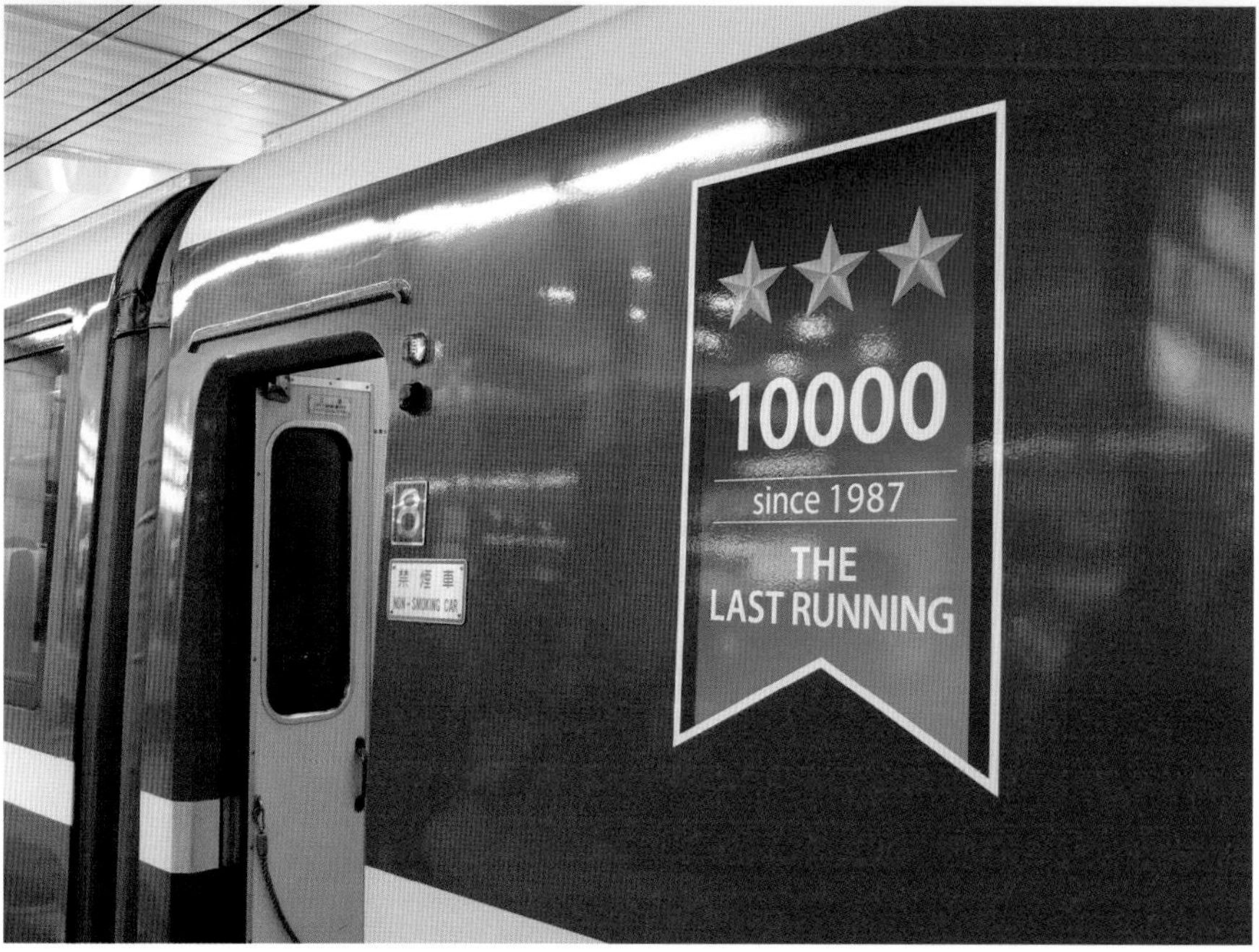
10000
since 1987
THE
LAST RUNNING
禁煙車
NON-SMOKING CAR
8

諸般の事情で2012年3月17日のダイヤ改正をもって運用を終了するため「お別れ」のエンブレムが付けられ、カウントダウンに入ったHiSE。

発車前に運転士が2階の運転室に折り畳み式の梯子で上る。

HiSEの発車を前にドキドキ。ロマンスカーの旅は初めてなのだ。

乗車記 1987年

報道試乗会では特別に運転室の取材が許可されて同乗した。意外と広かった、という印象。

ハイデッカーに新塗装 新世代のロマンスカー

10000形HiSEは、1987(昭和62)年の小田急開業60周年を記念して登場したロマンスカーで、1989(平成元)年までに4編成製造された。愛称のHiSEは「ハイクラス」「ハイデッカー」などから命名されている。

最大の変化は塗装で、それまでのオレンジバーミリオンとグレーに白線の塗り分けから、パールホワイトにロイヤル・ワインレッドとオーキッド・ワインレッドと呼ばれる赤系2色のラインを入れたカラーリングになったことだ。これにより従来のロマンスカーとは大きくイメージが変わった。

車体の構造も変化した。当時はJRのジョイフルトレインや特急車でも客席の床面を高くし、眺望を楽しめるようにした高床式の「ハイデッ

注文を受けた飲み物は「走る喫茶室」といわれた車販カウンターで用意される。

発車するとまもなく車内販売のアテンダントが注文を取りに来てくれた。

そして飲み物を席まで届けてくれる。走る喫茶室のおススメは紅茶と温かいレモネード。

カー」が流行しており、HiSEも客室がLSEよりも約40㎝高い位置にあるハイデッカー構造を採用。窓の天地寸法を拡大したこともあり、眺望性は歴代ロマンスカーと比べても大きく向上した。一方で床面を高くしたため、中間車の客用扉には2段のステップが設けられた。先頭車の展望席はLSEと同じ低い位置だが、前面の傾斜はLSEよりもさらに鋭角になりシャープなイメージとなった。それまでのロマンスカーでは前面のライト間にあった愛称表示幕が側面に移ったのもデザイン上の変化だ。

小田急の開業60周年を記念した車両とあってその力の入れようは広報PRにも大きく現れ、LSE同様に試乗会が数多く行われた。私が乗車した報道向け試乗会ではハイデッカーの客席からの展望の良さをアピールして、異例の走行中の運転席取材も許可された。憧れの2階運転席に

小田急ロマンスカーの子供たちの憧れは前面展望席。残念ながらこの日はオトナたちが独占していた。

この時代はまたカード式公衆電話が全盛だった。さてどこへかけるのかな?

ワクワクモードで車内探訪。トイレ、洗面台も清潔で満足。

は展望室付近の折り畳み式階段で昇る。思った以上に広く、カメラの位置も十分に確保できたほどだ。

HiSE「同乗取材」は筆者の家族旅行を題材に

この話題のHiSEでも「同乗取材」ができないか打診したが、広報担当者は「不特定多数のお客様を撮影されるのは困る……」という理由で難色を示した。小田急ロマンスカーは、かつて流行歌にも歌われた恋の逃避行の歌詞があるからか、あるいは時代の流れか、乗客のプライバシーに神経を使っていたためだ。「ただし、南さんの家族旅行という設定ならばいいですよ」という広報担当者の機転により、この際の同乗記は私の家族旅行の顛末を取材した。

コースは新宿からHiSEで箱根に行き、登山電車、ケーブルカー、ロープウェイに乗り海賊船で芦ノ湖を巡るという定番のコースを「箱根

終点、箱根湯本到着。ここから登山電車に乗って強羅に行って、強羅のペンションに泊まった。

ロマンスカーHiSE Route

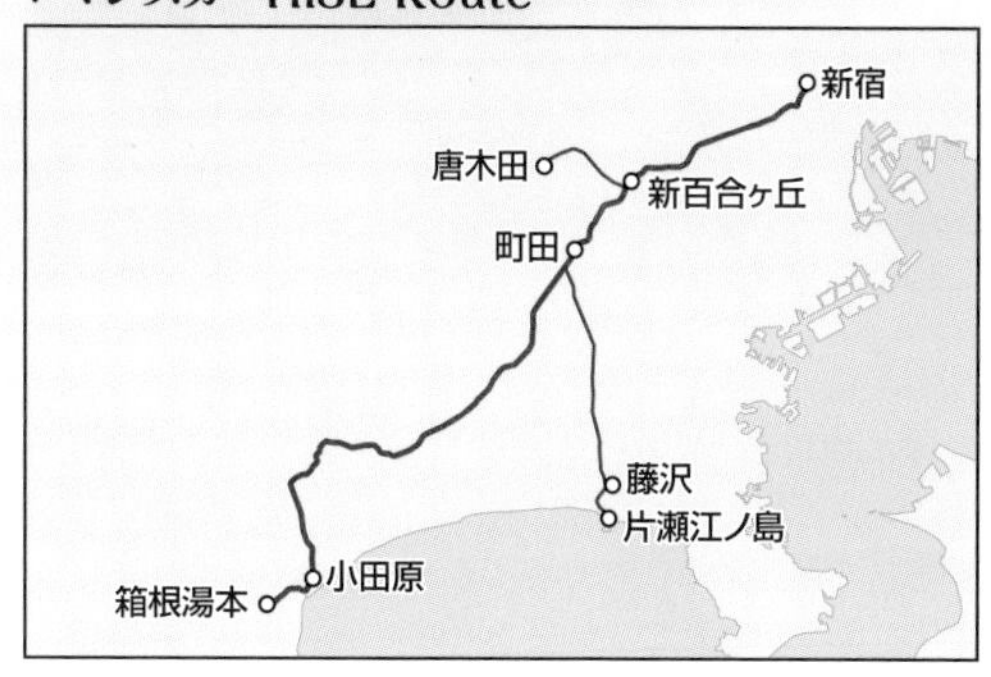

ロマンスカー「第7はこね」*1987*年時刻表
(HiSE車1番列車)

新宿	発	8:50
小田原	着	10:08
箱根湯本	着	10:25

フリーパス」で巡り歩くものだ。ここではＨｉＳＥの車内の様子と「走る喫茶室」のサービスぶりを主に掲載している。この旅は子供たちも大喜びで、成長してからは子供たちは「青春18きっぷ」で乗り鉄を謳歌するようになった。

新機軸をひっさげて誕生したＨｉＳＥだったが、２０００(平成12)年に制定された「交通バリアフリー法」により、既存車両の更新の際にはバリアフリー化が義務付けられることとなり、ＨｉＳＥはハイデッカーであることがネックになった。結果的に更新は行われず、４編成のうち２編成は短命ながら２００５(平成17)年に引退を余儀なくされ、残る２編成も２０１２(平成24)年に引退した。

だが、このうち2編成は長野県の長野電鉄に譲渡され、4両編成で特急「ゆけむり」号として活躍しているのは嬉しい限りである。

20000形RSE

国鉄民営化でJR発足後にJR東海と小田急電鉄の間で、御殿場線からの相互乗り入れの話し合いが続き、1991(平成3)年に小田急線から御殿場線経由で沼津まで直通運転ができるようになり登場したのが20000形RSE車による特急「あさぎり」である。車両はこれまでのロマンスカーの展望室タイプではないが、中間車にダブルデッカー2両を編成したものだった。

JR東海371系

小田急20000形と相互乗り入れ用に「相互直通運転車両の規格仕様に関する協定書」にもとづきJR東海が投入したのが371系だった。小田急と車両設計など基本仕様を統一している。2012(平成24)年3月のダイヤ改正をもって小田急・JR東海の当列車相互乗り入れは終了。両社のそれぞれの20000形、371系は廃車されることなく、富士山麓電気鉄道にて新しい観光列車として運用されている。

30000形EXE

1996(平成8)年から運用を始めた30000形EXE "Excellent Express"は、これまでの小田急の特急ロマンスカーは箱根や江の島などの観光客輸送が目的だったが、沿線主要都市の通勤、ビジネスユーザーを細かくネットワークする目的に誕生した特急電車である。写真は、70000形GSEとすれ違う30000形EXE。

30000形EXEα

ロマンスカー・EXEに「プラスアルファ」の要素を加え、より快適な車両へとリニューアルされた電車が、30000形EXEα(エクセアルファ)で、2017年3月から運転開始された。外観はマイナーモデルチェンジして、塗装はムーンライトシルバーとディープグレイメタリックの2色に、ロマンスカーの伝統色であるバーミリオンオレンジのラインを取り入れている。

50000形VSE

2005(平成17)年3月に箱根観光専用特急として運転を開始した50000形ロマンスカー「VSE」は、全身ホワイトで登場し、これまでの小田急ロマンスカーでは異色の存在だった。小田急電鉄もこの電車の期待度は大きくロマンスカーのフラッグシップモデルとして位置づけられ、デザインや設計を全面的に見直して居住性を含めて最新技術などを取り入れたものとなり、その名も"Vault Super Express"(VSE)と命名された。しかし、高性能を維持するための補修や修正が困難となり「修理に高度な技術や経験を要す」ところから早期に引退が決まり、2023年12月の引退予定を発表した。

60000形MSE

東京メトロ千代田線内に乗り入れ、初めて地下鉄を走る「ロマンスカー」として2008(平成20)年3月から運転開始された60000形MSE(Multi Super Express)はこれまでの小田急カラーを一新したフェルメール・ブルーにバーミリオン・オレンジのラインというカラーデザインを施して、前面には地下鉄乗り入れのための貫通扉を取り入れている。東京メトロ内から箱根などの観光地を直通で結ぶほか、「あさぎり」から代わった御殿場線に直通する特急「ふじさん」でも運用されている。

70000形GSE

2018(平成30)年3月に運転を開始した最新の小田急ロマンスカーは「箱根につづく時間を優雅に走るロマンスカー」(小田急のプレスリリースから)というコンセプトのもと開発されたロマンスカーで、70000形GSE(Graceful Super Express)は「優雅な」という意味を持つ。全体のデザインはこれまでの小田急ロマンスカーのスタイルとは異なった印象を受け、色は薔薇の色を基調とした「ローズバーミリオン」とし、側面にはロマンスカーの伝統色である「バーミリオンオレンジ」の帯を取り入れている。

これまでのロマンスカーの展望より、グーンとワイドに広がる車窓風景が特徴。

近畿日本鉄道

10100系

ビスタカーII世

DATA

運行期間	1959〜1979年
運行区間	近鉄難波・上本町〜近鉄名古屋、上本町・近鉄名古屋〜賢島など
最高速度	時速110㎞
編成	3両編成
製造両数	54両

初秋の海抜0メートル地帯を走る10100系「ビスタカーⅡ世」。1976年9月 弥富付近。

ビスタカーⅡ世

Memorial Graph

月刊「レールガイ」の特写で近鉄米野車庫で表紙用に撮影した10100系

ビスタカーの名を知らしめた近鉄が誇る2階建て特急電車

近鉄は1958(昭和33)年に、2階建て電車の試作的な車両として10000系を製造した。いわゆる初代の「ビスタカー」で、7両編成1本だけが造られ、大阪と伊勢を結ぶ「阪伊特急」に投入した。残念ながら当時私はまだ小学生で、実物を見ても乗ってもいない。

この時代、近鉄は大阪線が標準軌、名古屋線が狭軌と軌間が異なり、名阪特急は伊勢中川で乗り換えを強いられていた。ところが10000系の登場翌年、1959(昭和34)年9月に東海地方を襲った伊勢湾台風によって名古屋線は壊滅的な被害を受けた。近鉄は予定していた名古屋線の改軌を前倒しし、標準軌で復旧することを決断。軌間を統一することで名阪間の直通運転を実現した。その際に登場したのが10100系ビ

木曽川を渡り名古屋に向かう10100系「ビスタⅡ世」。近鉄長島～近鉄弥冨間。

近鉄ビスタカーの「ビスタドームカー」の参考になったといわれる、西ドイツ国鉄の代表列車「ラインゴルト」号の二階建てドームカー。1975年最高速度200km/h引き上げにより廃止された。

スタカーで、1959年12月に改軌が完了するとともに名阪ノンストップ特急として運転を開始した。近鉄は10100系を「新ビスタカー」と呼んでいるが、ファンには「ビスタⅡ世」や「ビスタカーⅡ世」の名で親しまれている。

10100系の車体設計は10000系を基本としているが、全体が丸みを帯びた流線形で、ヨーロッパの列車のデザインのようにスマートな形状になった。特徴ある2階のビスタドームカーは、当時の西ドイツのラインゴルト号のドームカーを参考にしたといわれ、その姿はヨーロピアンスタイルともあって流れるような形状が人気を博した。

1967(昭和42)年に登場した特急車「スナックカー」は車内の一角に軽食を調理して提供できる「スナックコーナー」を設置し、10100系も「ミニスナックコーナー」を設置した。これらのコーナー自体は

乗車記
1976年

車内の片隅にある車販準備コーナーではおしぼりや、コーヒーなどが乗客にサービスされた。

ビスタⅡ世の車内では当時の飛行機のサービスと同じ温かいおしぼりがサービスされた。

Column

ビスタⅡ世は国際急行の影響を受けた?

10100系「ビスタⅡ世」は丸味を帯びた前面がヨーロピアンデザインと評価を受けていた。同じ時代ヨーロッパではTEE(国際急行)が、各国斬新なデザインで登場した。ビスタ二世もヨーロッパの花形列車を思わせる姿で颯爽と登場した。

103形機関車が牽くTEE「ラインゴルト」。丸味を帯びたスタイルは「ビスタⅡ世」に似ているようだ。

短命に終わったが、車内販売や、飛行機のように温かいおしぼりを配るサービスはその後も行われた。

車内には「スチュワーデス」温かいおしぼりのサービスも

私は1976(昭和51)年にこの車内サービスの様子を中心にある雑誌向けに大阪から同乗取材している。この際は近鉄のベテラン広報マンに同行してもらい、スチュワーデスと呼ばれた女性アテンダントの仕事ぶりをつぶさに取材した。

大阪(上本町)を出ると、スチュワーデスたちが温かいおしぼり(タオル)を配りはじめた。当時は飛行機に乗るとまずサービスされるのが温かいタオルのおしぼりで、名阪ノンストップ特急も同様におしぼりがサービスされたのだ。おしぼりを回収した後は、乗客の要望に合わせて飲み物や菓子類の注文を受けて販売する。スチュワーデスは鮮やかなグリ

1967（昭和42）年登場した「スナックカー」12000系、多客時にはビスタカーと増結された。

10100系「ビスタⅡ世」は名阪ノンストップ特急として使用され、車内もリクライニングシートのゆったりしたものだった。

ビスタカーII世Route

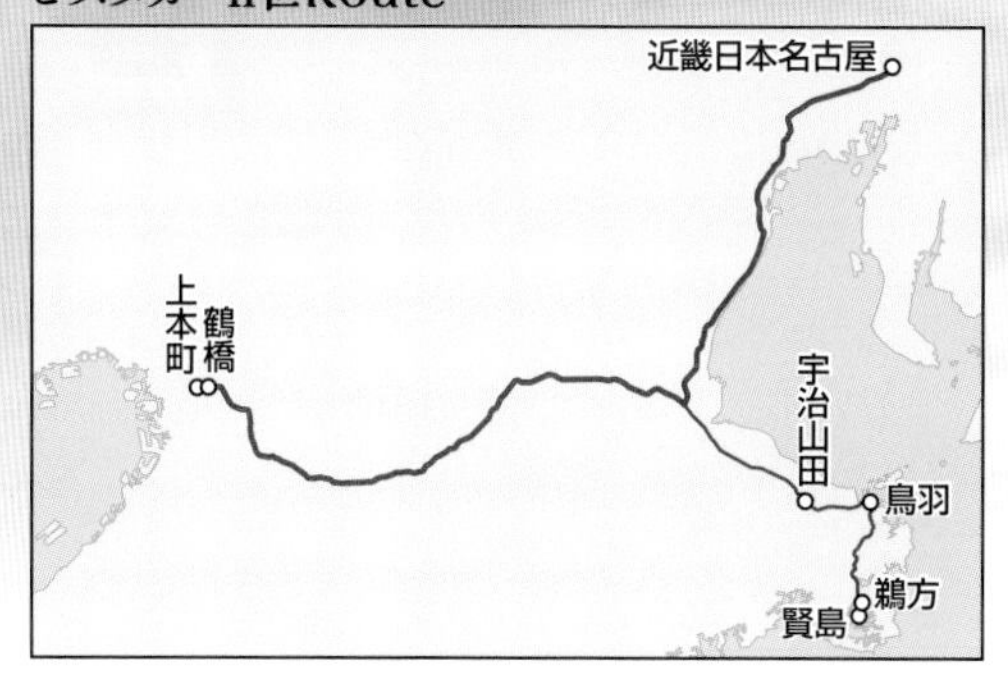

ビスタII世名阪特急
***1960*年時刻表**

上本町	発	7:00
近畿日本名古屋	着	9:27

ーンの派手な服で、そのためか同行してくれた広報マンが「少し派手なのか、サービス途中にいろいろ声をかけられるんですわ、アルサロ（アルバイトサロン）に来うへんかとか、キャバレーのスカウトマンが声をかけるんですわ」と苦笑いしていた。当時は乗客から「おしぼりネェちゃん」などと親しみを込めていわれていたという。

近鉄の看板列車だった名阪ノンストップ特急は新幹線の開業以降利用が低迷し、１０１００系も１９７５（昭和50）年には名阪特急の運用から離脱。１９７９（昭和54）年に全車両が廃車となった。

ビスタカーの系譜は１９７８（昭和53）年に登場した「ニュービスタカー」こと３００００系に引き継がれたが、近鉄のフラッグシップトレインとして君臨した１０１００系がすべて姿を消したのは何とも寂しい気がする。

30000系

ビスタカーⅢ世

DATA

運行期間	1978〜1999年
運行区間	近鉄難波・近鉄名古屋〜賢島、近鉄難波〜近鉄名古屋、京都〜近鉄奈良・橿原神宮前、近鉄難波〜近鉄奈良など
最高速度	時速120km
編成	4両編成
製造両数	60両

ビスタカーの決定版 3代目30000系

老朽化した10100系「ビスタカーⅡ世」の次世代車として1978(昭和53)年に登場した。ビスタカーご自慢の2階建て車両は、連接車だったⅡ世と異なり、ボギー車の中間車2両になった。登場時「ニュービスタカー」と呼ばれた30000系はデザインも新たに大阪〜名古屋・伊勢志摩方面に走り始めた。当時は、国鉄エル特急のヘッドマークが絵入りに変わり、さらにブルートレインブームが起こるなど鉄道の話題が多かった時代で、30000系ビスタカーは国鉄に負けずとも劣らない話題を提供した。

この時期は、列車の同乗取材を「ケイブンシャの大百科」に発表していたころで、この30000系ビスタカーも、試乗会のほか何度となく同乗取材を行っている。印象深い

美しい4両固定編成で走る30000系「ビスタⅢ世」。名張～赤目口間、1977年撮影。

取材としては、鉄道ジャーナル社の『旅と鉄道』で大阪～鳥羽間を同乗取材している。残念ながらこの時の写真は、多忙の混乱にまぎれてしまい掲載はできないが、乗客には若い女性が多く、この新しいビスタカーに乗ることが流行かステータスのようでもあった。この取材では車内販売で駅弁も販売しており、松阪名物の「ステーキ弁当」を食べたことが忘れられない。なにしろ駅弁では初めてステーキが登場したのだから、これもニュービスタカーの相乗効果といったところだった。

改めて30000系ビスタカーの特徴を述べてみよう。前後が平屋の4両編成で、中間2両の2階建て車両はシートの配列に合わせた小窓が並ぶ側面に、Vの字をデザイン化した帯が入り、「VISTA CAR」のステンレス製の切り抜き文字も取り付けられ、看板列車らしい雰囲気を醸し出していた。

ビスタカーⅢ世

Memorial Graph

山間部の緑の中を走る30000系「ビスタⅢ世」。長谷寺〜榛原間。

近鉄富田駅を基本編成で通過する賢島行きの「ビスタⅢ世」。

先頭のデザインは流線形から貫通扉付きの精悍な顔立ちに

30000系は、これまでのビスタカーと異なり先頭車は流線形ではなく貫通式となり、各車両の扉配置も見直された。これは先の10100系ビスタカーで乗客の乗降に時間がかかったため、停車駅が多い乙特急運用の運行にも対応するためのものだった。私はこのスタイルが大のお気に入りで、基本の4両編成で走る姿に編成の美しさを感じ、すぐに発売されたNゲージのセットを買ったほどだった。

しかし、登場後約10年を経て車体更新の時期に差し掛かったころ、ビスタカーに代わる近鉄の看板列車として「アーバンライナー」21000系が登場。この電車は2階建てとはならず、先のとがった流線形が特徴の平屋の車両となった。

名阪特急の第一線を退いた300

試運転中の30000系、「スナックカー」を増結して運転していた。

ビスタカー阪伊特急 *1978*年時刻表

近鉄難波	発	9:20
上本町	発	8:23
鶴橋	発	8:25
宇治山田	発	10:06
鳥羽	発	10:18
鵜方	発	10:48
賢島	着	10:52

リニューアル後2階建て車両を改造して「ビスタEX」として再登場。

ビスタカーIII世Route

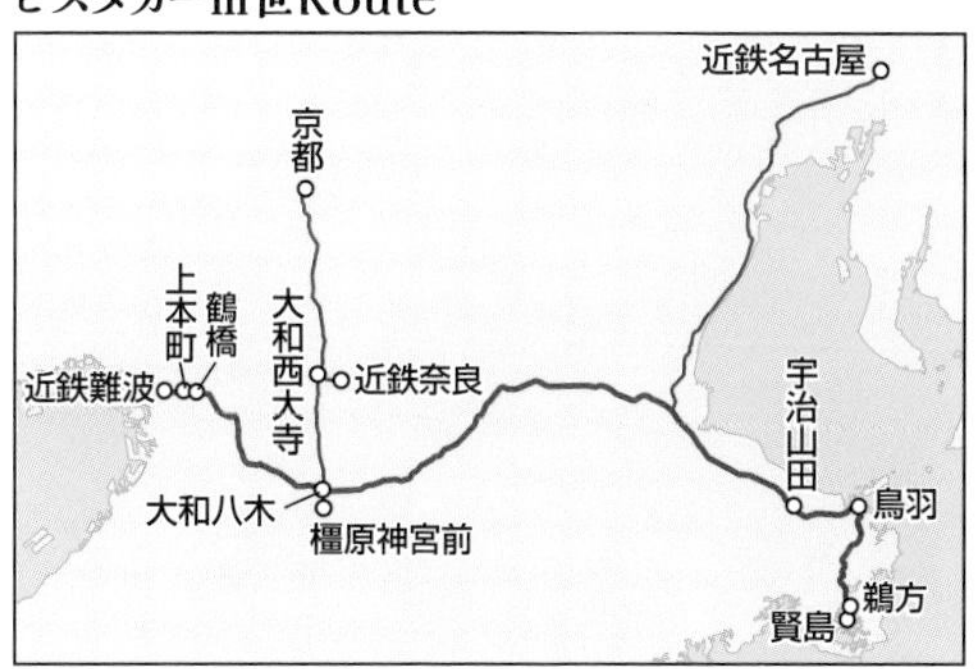

００系は、１９９６（平成８）年から２０００（平成12）年までの間にリニューアルが実施され、２階建て車の窓を大型の曲面ガラスに変更するなどの大幅な刷新や塗装変更などを行い、愛称も「ビスタＥＸ」に変更して再スタートを切ったが、従来通り「２階建てビスタカー」のままなのが嬉しいところである。

30000系

ビスタEX

DATA

運行期間	1996年〜現在
運行区間	大阪難波・近鉄名古屋〜賢島、大阪難波〜近鉄名古屋、京都〜近鉄奈良・橿原神宮前、近鉄難波〜近鉄奈良など
最高速度	時速120km
編成	4両・8両編成
製造両数	60両

カーブを切って伊賀神戸駅に進入する「ビスタEX」の新塗装車。2023年10月撮影。

ビスタEX
乗車記2023年

近鉄難波駅で発車を待つ7273列車賢島行き「ビスタEX」

「ビスタEX」には往年のVISTA CARの文字が表示されている。

出入り口ドアの向こうには異次元の電車の空間がある。

「ビスタカーⅢ世」から中間の2両が、丸みを帯びて窓回りが大きくリニューアルされた。

「ビスタEX」の特徴ある出入り口のホール。ビスタカーの最大の特徴ある空間だ。

4両編成のうち前後2両が平面タイプの座席車、ゆったりしたリクライニングシート。

2階建て車両の1階部分は「ビスタEX」にリニューアル後はコンパートメント客室となった。

2階建て車両は出入り口ホールから2階へ上がる階段と1階客室へと振り分けられる。

塗装も2階建て車も大変貌 生まれ変わったビスタカー

1978（昭和53）年に「ニュービスタカー」として登場した30000系ビスタⅢ世も、やはり内装などは後発の特急車と比べて見劣りが目立ってきた。そこで近鉄の代表的列車ビスタカーをいつまでも走らせるため、1996（平成8）〜2000（平成12）年にかけて、車体更新と車内設備の大幅なリニューアル工事を実施した。

生まれ変わったビスタカーは愛称も「ビスタEX」となり、伊勢志摩観光のリゾート特急として再デビューを果たした。ビスタEXのテーマは「ビスタカーの魅力の再発見」とされ、EXの名称はExcellent（優秀な）やExpectant（期待する）などの英単語から命名された。

改造は大規模で、とくに大きな部

ビスタカー阪伊特急 2023年時刻表

大阪難波	発	11:10
大阪上本町	発	11:13
鶴橋	発	11:16
大和高田	発	11:36
大和八木	発	11:41
榛原	発	11:52
名張	発	12:05
伊賀神戸	発	12:11
榊原温泉口	発	12:25
伊勢中川	発	12:36
松阪	発	12:43
伊勢市	発	12:55
宇治山田	発	12:58
五十鈴川	発	13:01
鳥羽	発	13:10
志摩磯部	発	13:28
鵜方	発	13:34
賢島	着	13:39

2階席の客席。意外なほど天井は高く感じる

伊賀神戸駅では伊賀鉄道のキャラクター「ふくにん」をデザインしたラッピング車両と並んだ

ビスタEx Route

分としては2階建て中間車の2階部分を新製し、これまで小窓が連続していたものを、上部にあった明かり窓まで一体化した曲面連続窓に変更した。その後、2010(平成22)年~2012(平成24)年にかけて車内設備を中心とした2回目のリニューアルを実施し、2016(平成28)年からは白を基調とした近鉄特急汎用車の新塗装となり、これまでとはイメージの異なった塗装で快走している。

21000系
21020系

アーバンライナー・プラス・ネクスト

DATA	21000系
運行期間	1988年～現在
運行区間	大阪難波～近鉄名古屋・近鉄奈良、近鉄名古屋～賢島
最高速度	時速120km
編成	6両・8両
製造両数	72両

DATA	21020系
運行期間	2002年～現在
運行区間	大阪難波～近鉄名古屋・近鉄奈良、近鉄名古屋～賢島
最高速度	時速130km
編成	6両
製造両数	12両

ビスタEXとすれ違い近鉄富田駅に差し掛かる21000系「アーバンライナー・プラス」

名阪特急として代わらない地位にある「アーバンライナー・ネクスト」の華麗な走り。近鉄蟹江～戸田間。

アーバンライナープラスの車体案内ロゴ。

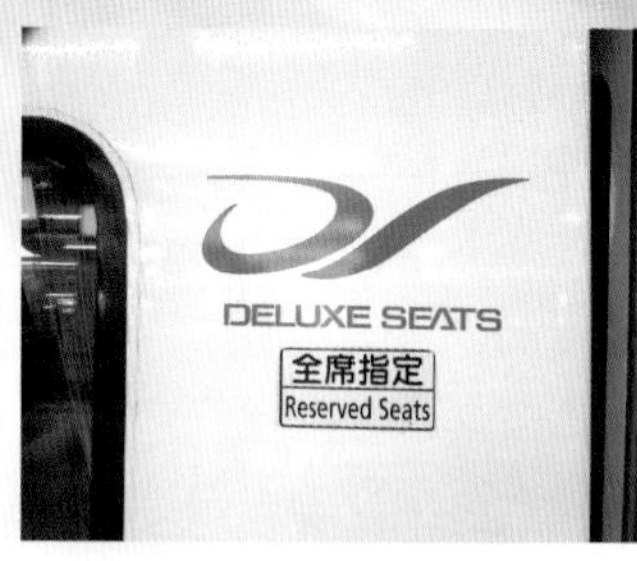

デラックスシートの案内ロゴ。デラックスシートは横3席のゆったりサイズ。

近鉄特急新時代を築いた「アーバンライナー」

２１０００系「アーバンライナー」は、近鉄難波（当時）～近鉄名古屋間の名阪ノンストップ特急として、１９８８（昭和63）年３月にデビューした特急車である。

前面下部が円形に突き出した特異な流線形のスタイルは、当時の西ドイツで運行されていた「ルフトハンザ・エアポート・エクスプレス」などに使用されたインターシティ用高速電車ＥＴ４０３形に似ている……と、ドイツにおいてＥＴ４０３形も取材した私が、運行開始前の報道公開で２１０００系「アーバンライナー」を見るなり発した言葉である。

スピード感あふれる流線形のアーバンライナーは、近鉄難波～近鉄名古屋間をノンストップ、最高速度１２０km／h、最速２時間６分で結んだ。編成中には初めて「デラックス

近鉄名古屋駅を発車すると、アーバンライナー同士がすれ違った。米野駅付近

アーバンライナー 1988年時刻表

近鉄難波	発	7:00
上本町	発	7:03
鶴橋	発	7:05
近鉄名古屋	着	9:15

アーバンライナー Route

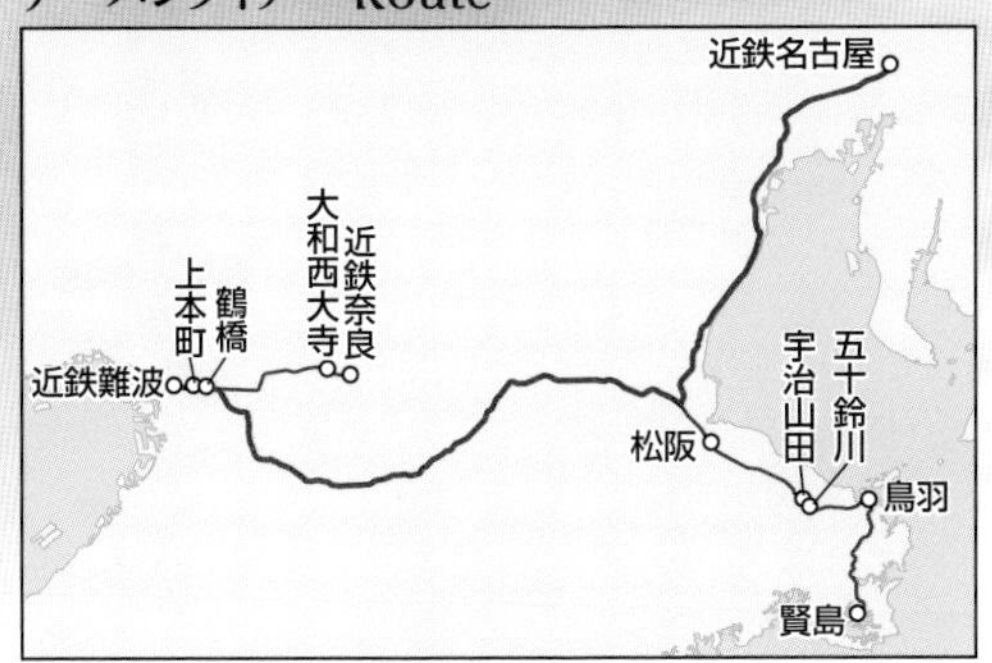

Column

斬新な流線形の元祖はET403形?

21000系はこれまでの近鉄特急のデザインを一蹴した流線形である。筆者はドイツにおいてET403形電車を取材したが、そのデザインコンセプトが同様であることに気が付いた。

インターシティ時代のET403 1978年ミュンヘン機関区

シート」を連結。2+1配列の横3列でフットレスト付きと豪華なシートで近鉄特急のイメージをさらにアップさせた。レギュラーシート（普通車）は従来通りの横4列シートながらシートピッチはデラックスシートと同じ1050㎜で、ゆったりとした空間を確保している。また、運転室背後のデッキからはスピード感あふれる前面展望が楽しめる。

2002（平成14）年には、デザインをやや変更し、バリアフリーに対応した構造やVVVFインバータ制御を採用した21020系「アーバンライナー・ネクスト」が登場。同車の登場後、2003（平成15）年から2005（平成17）年にかけて21000系も主に内装を更新、塗装も一部変更して「アーバンライナー・プラス」にリニューアルされた。現在も近鉄特急の主力の一角として活躍を続けている。

23000系

伊勢志摩ライナー

23000系はアーバンライナー21000系のデザインを世襲した流線形で誕生した。

先頭車両は大型曲面ガラスを採用したパノラマデッキ。迫力ある前面展望が楽しめる。

DATA

運行期間	1994年～現在
運行区間	大阪難波・近鉄名古屋・京都～賢島、京都～近鉄奈良、大阪難波～近鉄奈良
最高速度	時速130km
編成	6両
製造両数	36両

伊勢志摩ライナーはスペイン村アクセス特急として誕生した観光電車である。様々なカテゴリーの客席が用意されていた。1994年の報道公開時に撮影。

車内乗車記
*1994*年

伊勢志摩ライナーデビュー時の試乗会(1994年)では、リゾート感たっぷりのスペイン村の衣装を着たアテンダントがエスコートしてくれた。

当時は飲食物、弁当や軽食類を販売する車販カウンターが設けられていた。

スペイン村を目指す近鉄のリゾート特急

近鉄が志摩半島に開発した複合リゾート施設「志摩スペイン村」の開業に合わせて製造されたリゾート特急車両で、スペイン村開業の約1カ月前、1994(平成6)年3月のダイヤ改正から民鉄初の最高速度130km/hで運転を開始した。

全体のデザインは21000系「アーバンライナー」の流線形を踏襲したような形だ。スペイン国鉄の高速列車AVE(Renfe 100系)をデザインの参考としたともいわれているようだが、双方の実物を見た私には「?」と感じる。

リゾート特急と銘打っているだけあり、6両編成のうち大阪・名古屋寄りの先頭車はシートが2+1の3列配置となったデラックス車両、隣の車両は3~4人用のサロン席と2人用のツイン席を備えた定員36人の

明るいスペインを意識したようなカラフルなレギュラーシート。

デラックス車両ではグループで利用できるサロン風客室も用意されている。

伊勢志摩ライナー時刻表*1994*年

駅		時刻
上本町	発	9:10
鶴橋	発	9:12
宇治山田	発	10:47
鳥羽	発	10:59
志摩磯部	発	11:18
鵜方	発	11:25
賢島	着	11:29

伊勢志摩ライナーRoute

グループ客専用車両となっている。そのほかの4両は2+2配列のシートが並ぶレギュラー車両だ。運転台の後部にはパノラマデッキがあり、迫力ある前面展望が楽しめる。

伊勢神宮の式年遷宮を翌年に控えた2012(平成24)年から、伊勢志摩ライナーはリニューアル改造と塗装変更を実施した。6編成のうち3編成が上部を赤に塗り分けた「サンシャインレッド」塗装、ほかの3編成は従来とほぼ同様の「サンシャインイエロー」塗装となっている。

26000系

さくらライナー

報道公開で撮影した26000系「さくらライナー」アーバンライナーなどの斬新な流線形を取り入れながら落ち着いた色調の電車である。1990年、五位堂検修車庫で撮影。

ターミナル駅の雰囲気がある大阪阿倍野橋駅で発車を待つ「さくらライナー」。

DATA

運行期間	1990年～現在
運行区間	大阪阿部野橋～吉野
最高速度	時速110km
編成	4両・8両
製造両数	8両

大阪から桜の名所へ狭軌路線の展望特急

大阪阿部野橋と桜の名所・吉野を結ぶ特急の運転開始25周年を機に、1990（平成2）年に登場したのが26000系「さくらライナー」である。

それまで吉野特急には16000系や16100系など旧態依然とした設備の車両が使用されていたが、「さくらライナー」は、外観は「アーバンライナー」のデザインを踏襲し、車内設備も近鉄他線の特急と同等の設備となった。営業運転に入る前、報道公開の際に車庫で撮影する機会に恵まれたが「やっと観光地・吉野に相応しい特急電車ができた」と感慨を新たにした。

運転開始と共に「さくらライナー」に試乗した。新車はもちろん16000系など旧車にも興味があり、新旧の吉野特急が単線区間の列車交換

さくらライナー 時刻表1990年

駅	発着	時刻
大阪阿部野橋	発	9:40
高田市	発	10:08
橿原神宮前	発	10:15
飛鳥	発	10:19
壺阪山	発	10:22
吉野口	発	10:29
下市口	発	10:40
大和上市	発	10:50
吉野神宮	発	10:52
吉野	着	10:54

最前部の客席から運転台と前面展望が望め沿線の風景が楽しめる。

横4列のレギュラーシートのほかにリニューアル後は横3席のデラックスシートも設けられた。

さくらライナー Route

終点の吉野駅に到着した「さくらライナー」吉野山駅へは千本口駅から吉野ロープウェイがアクセスしている。

で顔を合わせる様子も鉄道ファン垂涎の的だった。

南大阪線と吉野線は、標準軌の路線が大半を占める近鉄では珍しい1067㎜の狭軌を採用しているのが路線としての特徴だが、沿線には歴史的名所や史跡、桜の名所が点在して、特に吉野千本桜は有名である。山あり谷あり鉄橋ありと沿線風景も素晴らしく「さくらライナー」では先頭の運転席背後に展望スペースも設けられている。

2011(平成23)年には2編成ともリニューアルが実施された。大きな変更点は、座席が2+1の3列配置となったデラックス車両が1両設けられた点だ。塗装も車体下部のグラデーション塗装が緑基調からさくら色に変わり、より「さくらライナー」らしさが増した。観光だけでなく通勤特急の側面もあり、朝方には2編成を併結した8両編成の運転もある。

50000系

しまかぜ

夏風を浴びて伊勢志摩に向かう50000系「しまかぜ」。戸田～近鉄蟹江間、2017年8月撮影。

伊勢志摩へ向かう豪華リゾート特急

伊勢神宮の式年遷宮に合わせ、2013（平成25）年3月に誕生したのが、大阪・京都・名古屋と伊勢志摩の賢島を結ぶ豪華観光特急「しまかぜ」である。

なぜこの特急が豪華列車といえるかは、そのゆったりとした車内設備に表れている。横4列の一般的なシート配置の車両は6両編成中に1両もない。床面が72㎝高く眺望が楽しめるハイデッカー構造の先頭車1・6号車、平屋の中間車2・5号車は「プレミアムシート」で、本革を使用した電動リクライニングの座席が2＋1の3列で配置され、シートピ

DATA

運行期間	2013年～現在
運行区間	大阪難波・京都・近鉄名古屋～賢島
最高速度	時速130㎞
編成	6両編成
製造両数	18両

乗車記 2018年

近鉄名古屋駅で発車を待つ10時25分発「しまかぜ」

伊勢の島風（しまかぜ）をイメージする車体のレタリング。

この日は、初めて「しまかぜ」に乗車した。

ッチも1250㎜と、JRのグリーン車よりはるかにグレードが高い。

このほかに、4～6人用のサロン席と3～4人用の和風・洋風個室を備えたグループ席車両が1両、そして1両を丸ごと使ったカフェ車両と、非常にゆったりとした空間が特徴である。これまでの特急車両にもデラックスシートやサロン席などはあったが、「しまかぜ」は他の近鉄特急とは一線を画す車両で、近鉄も「観光特急」とはっきり銘打っている。

車内設備で特筆されるのは、やはり2階建て構造のカフェ車両であろう。この車両には温かい料理を提供できる調理スペースと、車窓を眺めながら食事のできる座席があり、事実上の「食堂車」である。全国的に食堂車が廃止されて久しいが、「しまかぜ」のカフェ車両は、定期列車では日本唯一の「食堂車」といえる存在なのである。

先頭車はハイデッカー構造で運転台のほか、沿線の風景がワイドに見られる。

グループ旅行には個室タイプのコンパートメントが嬉しい。許可を得て撮影。

プレミアムシート。ゆったりしているが「しまかぜ」にとっては、この席がスタンダード。電動リクライニング付で横3席配置。

松阪牛カレーとワインを「食堂車」で味わう喜び

さっそく「食堂車」を体験してみた。カフェ車両は2階・1階の両方に席があり、2階席は大きな窓に向いたカウンター席の開放的な空間、1階はソファータイプの座席が並ぶ落ち着いた雰囲気となっている。私は迷わず2階席で食事を楽しむことにする。

メニューは、食事類では「はまぐりのシーフードピラフ」（1800円）や「松坂牛カレー」（1500円）、「松阪牛重」（1800円）など沿線の名物を生かした品目が揃っており、車内で温かい料理が楽しめるのが嬉しい。私は「松阪牛カレー」と、食前酒に「河内醸造わいん」（800円）を注文した。

列車内では飲み物は不可欠、特に食堂車とあれば、少しばかり贅沢をしたいものだ。木曽川の鉄橋を渡り

カフェは実質的な「食堂車」で、定期列車では日本唯一の食堂営業である。近鉄の伝統ダブルデッカー構造が嬉しい。

松坂牛のカレーライス、しっかりと調理して出される。しばし食堂車の雰囲気に浸る。

木曽三川を渡る頃、食堂車でランチをする。

しまかぜ
2023年時刻表

駅		時刻
近鉄名古屋	発	10:25
近鉄四日市	発	10:53
伊勢市	着	11:40
宇治山田	着	11:42
鳥羽	着	11:54
鵜方	着	12:21
賢島	着	12:27

出入り口付近のロビーはホテルの一角のような渋い雰囲気が漂う。

しまかぜ Route

ながらの赤ワインは格別である。アルコール類には「しまかぜ」ラベルのクラフトビールもある。もちろんソフトドリンクも各種揃っているのでご安心を。

食後のデザートも「スイーツセット」など各種あるが、私が選んだのは「赤福銘々箱」(2個入り300円)。伊勢の旅で「赤福」は心憎い演出で、道中の「食堂車」体験は大満足だった。カフェの販売カウンターではお土産、弁当、スナック菓子なども販売している。

80000系

ひのとり

「ひのとり」の車体イメージエンブレム。

発車を待つ「ひのとり」、新しい名阪特急だ。

先頭車はハイデッカーのプレミアムシート。後部座席からは前面展望は見づらい。前部へ移動するのも気が引ける。

車販はないが、ロビーにはドリップコーヒーの自販機がある。

DATA

運行期間	2020年～現在
運行区間	大阪難波～近鉄名古屋
最高速度	時速130km
編成	6両・8両
製造両数	72両

「くつろぎの時間」が売り メタリックレッドの新特急

最新の名阪特急「ひのとり」は、これまでの近鉄特急のイメージを大胆に変えたメタリックレッドの車体で2020(令和2)年3月に運行を開始した。両先頭車が横3列配置の「プレミアムシート」、そのほかの車両は4列配置の「レギュラーシート」で、全席がバックシェル付きリクライニングシートなのが特徴だ。

料金は、大阪難波～近鉄名古屋間の場合プレミアム車両で900円、レギュラー車両で200円の「特別車両料金」を上乗せする。プレミアム車両でも運賃を含め5240円で、新幹線「のぞみ」よりも安い。

2023(令和5)年の春、大阪出張の帰りに「ひのとり」を選んだ。もちろん先頭車のプレミアムシートだが、残念ながらシートが大きく座ったままでは前面展望が見づらく、

ひのとり 2023年時刻表

駅		時刻
大阪難波	発	7:00
大阪上本町	発	7:03
鶴橋	発	7:06
大和八木	着	7:28
	発	7:29
津	発	8:24
近鉄名古屋	着	9:12

晴れた日には「撮り鉄」たちはその豪勢な色調再現に苦労するメタリックレッドのボディ。

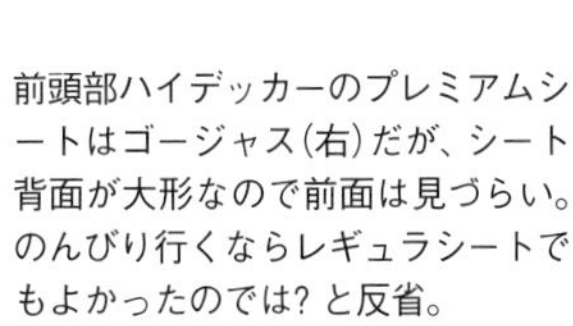

前頭部ハイデッカーのプレミアムシートはゴージャス(右)だが、シート背面が大形なので前面は見づらい。のんびり行くならレギュラシートでもよかったのでは? と反省。

ひのとり Route

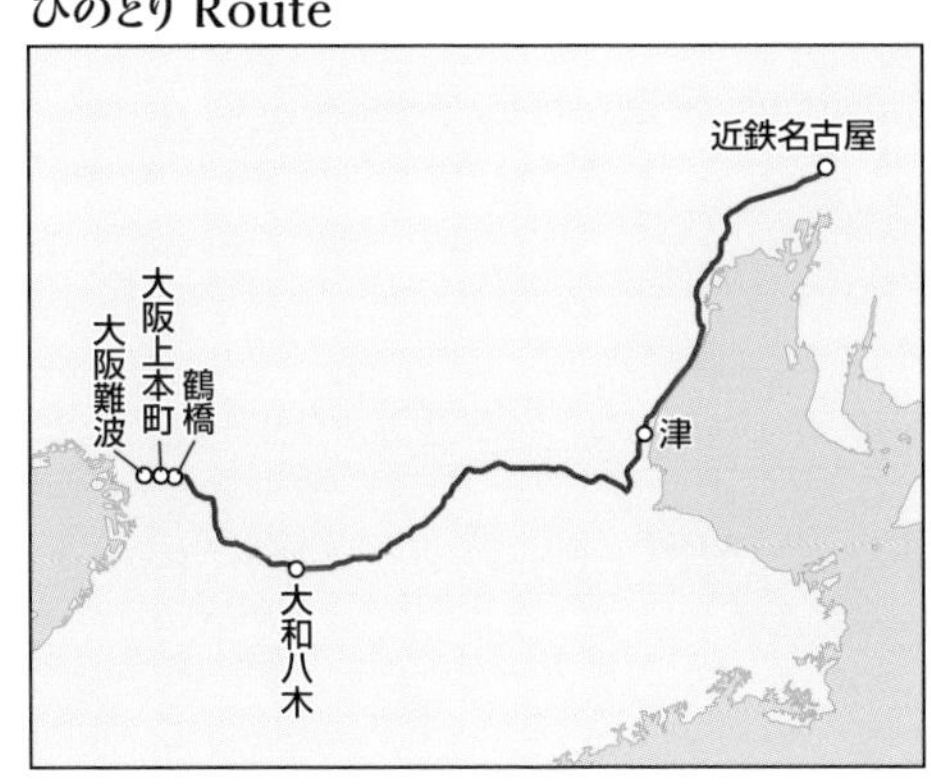

この日は休日で家族連れが多く、特に前面展望付近はワイワイガヤガヤ、とても近鉄がいう「落ち着いたゴージャス」な雰囲気を楽しむ余裕はなかった。これではレギュラーシートでよかったのでは?と思った次第。

蛇足ながら、鉄道カメラマンとして「ひのとり」は、快晴の日だとメタリックレッドの発色が難しく撮りにくい車両のひとつである。

ビスタカーで知られる近鉄特急はバリエーションが豊で、中にはマイナーチェンジした形式もあり、その形状は見分けがつきにくい。

1編成だけで登場した初代ビスタカー10000系。写真協力／RGG。

12000系

初代「スナックカー」の12000系。写真は更新前の姿だ。2000年を最後に全車廃車となった。

22000系

現在の近鉄特急車の基礎となった22000系、標準軌の近鉄各線で活躍している。「ACE」の愛称を持つ。

12200系

「新スナックカー」と呼ばれた近鉄の標準的特急電車。1969(昭和44)年から8年間にわたって製造し、近鉄特急車の中では最多の166両を誇った。

22000系とスナックカーが連結して走る。伊勢市～宇治山田間。

22600系

22000系後継車の特急運用電車で近鉄各線に広く運用されている。

16500系

22600系の狭軌仕様車で吉野特急として活躍中。

16000系

狭軌線である南大阪線の吉野特急で活躍した。

20100系「あおぞら」

1962（昭和37）年に話題の2階建てビスタカーのコンセプトを取り入れ、日本初のオール2階建て電車で誕生。特急仕様ではなく、主に団体専用車「あおぞら号」として使用されてきたが、老朽化により1989（平成元）年に18200系を改造したあおぞらⅡに生まれ変わった。

20000系「楽」

「あおぞら」の後継車両として、1990（平成2）年に20000系「楽」が登場した。4両編成で、両先頭車両は2階建て、中間車両はハイデッカー構造のビスタカーの伝統を備えた、主にグループ、団体専用の観光電車。2020（令和2）年3月に内装、外装がリニューアル工事され、現在も伊勢志摩方面ほか観光地へ臨時列車として運行されている。

南海電鉄

20000系

デラックスズームカー

DATA

運行期間	1961〜1984年
運行区間	難波〜極楽橋
最高速度	時速100km
編成	4両
製造両数	4両

20000系特急「こうや」はデラックスズームカーと呼ばれていた。その愛くるしいスタイルは多くの観光客の心を捉えた。学文路～九度山間、1977年7月撮影。

デラックスズームカー

Memorial Graph

極楽橋に到着して、しばし折り返し時間まで休息をする「こうや」号。

デラックスズームカー「こうや号」1961年時刻表

難波	発	8:40
堺東	発	8:52
橋本	発	9:42
極楽橋	着	10:16

デラックスズームカー Route

平坦線では高速走行して、高野線の急勾配とカーブ区間では粘り強く山を登る。ゆえに「ズームカー」と呼ばれていた。

職人の技が光る優美な流線形 1編成だけの貴重な特急電車

南海では、急勾配とカーブが続く高野線の橋本〜極楽橋間を走破するパワーと、平坦区間で100km/h走行が可能な高速性能を兼ね備えた電車を、広角から望遠まで対応できるカメラのズームレンズに例えて「ズームカー」と呼んでいた。1961(昭和36)年に登場した「こうや」号用の特急車20000系は「デラックスズームカー」と呼ばれた。

そのスタイルはスイスのTEE(欧州国際急行)用の名車「RAe TEEⅡ形」を参考にしたとされる優美な流線形だが、造形はより手が込んでいた。複雑な形状は職人の手による叩き出しで仕上げられた「手作り」ともいえる車両で、その技術は高い評価を受けた。スイスのRAe TEEⅡ形と20000系は同年の登場で「参考にした」というにはあまりにも同時期すぎると思うが、当時の帝国車輌のデザイナーがいち早く情報をキャッチして、TEEのデザインに魅せられたのでは……と思うのは両方の車両を愛する私の思い込みであろうか？

車内インテリアデザインを百貨店の高島屋が担当したことも特筆されるであろう。光天井方式と南海伝統の読書灯を併用する座席は当時の国鉄の1等車(グリーン車)と同等のリクライニングシートを採用、通路のドアが自動扉だったのも南海のこだわりを物語っているといえよう。

最後まで1編成のみの存在で、老朽化のため1984(昭和59)年9月にさよなら運転を行い、翌年1月に廃車された。廃車解体が本当に惜しまれる電車だった。

30000系

こうや

DATA

運行期間	1983年～現在
運行区間	難波～極楽橋
最高速度	時速100km
編成	4両
製造両数	8両

学文路駅に進入する難波行30000系ズームカー「こうや」。単線で列車の行き違いをする。1987年撮影。

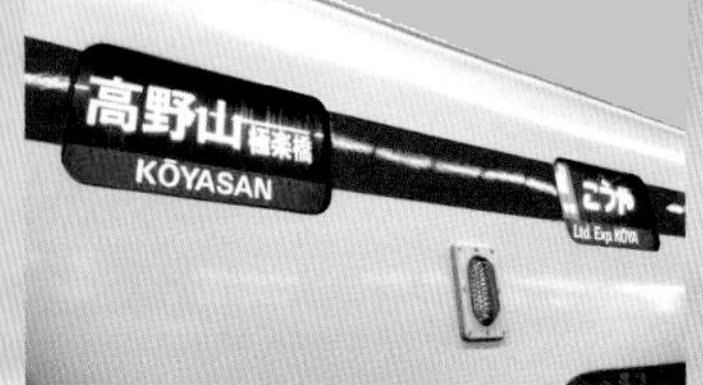

高野山娯楽橋行「こうや」。長い間高野山アクセス特急として君臨してきた。

こうや 乗車記2023年

南海難波駅8時発車の30000系「こうや1号」(休日ダイヤ)で高野山を目指す。30年ぶりの乗車である。

なんば駅を発車すると直線の複々線を進む。「ラピート」の回送電車が見える。

複々線では8時同時発車のラピートとの競争が繰り広げられる。30000系は平地でのスピードではまだまだ負けぬ。

30000系の座席は横4席並びのリクライニングシート。室内はシックな雰囲気だ。

JRと接続の橋本駅到着、外国人観光客も多く乗り込んできた。

シートカバーは渋い色調ながら雅(みやび)な模様が高野山特急を表している。

デビュー40年を経ても色褪せない南海の顔

20年以上を経過した20000系デラックスズームカーの後継車として製造されたのが30000系で、1983(昭和58)年に登場した。全電動車の4両編成で、山岳部の勾配とカーブに対応するため、20000系同様、1両あたりの長さは17mの小柄な車体となっている。20000系は1編成だけだったため、当時の特急「こうや」は運転本数が少なく、冬季や閑散期は運休や他車での代走などを余儀なくされていたが、30000系は2編成が製造され、「こうや」は年間を通じて運行が可能となった。

私は昭和50年代に20000系に乗って高野山を訪れており、外観の写真は撮っているものの、乗った記録が残っていない。そこで本書執筆にあたり、20000系の面影を残

車窓には山間の斜面の集落が見え、深い谷あいを進む。

紀の川を渡れば、車窓風景は代わり単線の山岳路線となる。

急勾配と急カーブを進む。ここがズームカーの見せどころである。

す30000系に乗って高野山に行ってみた。

意外に揺れる高速走行存在感はやや薄れた?

特急「こうや」に乗るのは前回の記憶があいまいなので、ワクワクと期待感を持って乗り込んだ。同時刻発車の「ラピート」と複々線区間で並走する姿は、南海の顔というべき新旧の特急車両による発車直後のサプライズといったところか。

30000系の平野部での100km/h走行は思った以上に揺れる。これは長年、急勾配と急カーブの山岳部、そして平地での高速運転を続けてきたことによる老朽化のためであろうか? 美しい車体を保つ30000系も、2023(令和5)年でデビューから40年を迎えた。

橋本駅を過ぎて紀の川を渡る山岳区間へと足を踏み入れ、高野山への山道を進むようになる。この先はこ

娯楽橋駅からはすぐ高野山行きのケーブルカーが接続する。2019年スイス製車両だ。

山深い駅の紀伊神谷駅で観光列車「天空」とすれ違う。高野線の新しい列車である。

特急こうや
2023年時刻表

駅	発着	時刻
なんば	発	8:00
新今宮	発	8:02
天下茶屋	発	8:05
堺東	発	8:12
金剛	発	8:22
河内長野	発	8:27
林間田園都市	発	8:38
橋本	着	8:43
	発	8:46
極楽橋	着	9:23

極楽橋には9時23分に到着する。山岳信仰らしい駅ホーム。

こうや Route

れまでの高速運転から一転し、粘り強く勾配を進んでいく。ズームカーと呼ばれるゆえんである。

途中駅では単線のため列車交換があり、１９９９（平成11）年に登場した貫通扉付きの特急車３１０００系や、２００９（平成21）年に運行を開始した人気の観光列車「天空」などに遭遇した。これらの列車が高野線の顔となる中、３００００系「こうや」の存在感は薄くなってきているようで、複雑な気持ちのまま極楽橋に到着した。

高野線の急勾配をズームカーの特性を生かして走る21000系、昭和30年代に流行した「湘南形」といわれる2枚窓のアンティークな電車だった。

一畑電鉄に譲渡された21000系は一畑電鉄3000系として活躍したが2017年1月に運行を終了した。

21000系ズームカー

高野線の山岳区間への直通運転に対応する電車として、1958（昭和33）年に急行・特急用として誕生したズームカーで河内平野を最高速度110km/hで疾走していた。20000系が登場してからは高野線では急行として運行されていたが、クロスシートの特急仕様なので、臨時「こうや」に使用されたこともあった。南海を引退後は大井川鉄道21000系と一畑電気鉄道3000系として譲渡された。

50000系ラピート

1994年に開港した関西国際空港へのアクセス特急50000系「ラピート」が運転を開始した。「rapi:t」はドイツ語で「速い」を意味するもので、デザインコンセプトは「レトロフューチャー」、かつてのヒーロー鉄人28号の顔を彷彿する。最高時速120km/hで、南海なんば駅と関西空港駅の間をラピートαは最速29分間で結んでいる。

10000系サザン

難波と和歌山港間を結ぶ四国連絡用に運転されていた10000系「四国」に代わり1985年11年に登場した特急で、一部座席指定でなんば側に自由席車を併結している。南海の本四連絡列車は1948年に始まり、1954年4月に連絡急行列車「なると号」が運転された。

名古屋鉄道

キハ8000系
キハ8500系

北アルプス

DATA	キハ8000系
運行期間	1965～1991年
運行区間	神宮前～高山・飛騨古川・富山・立山
最高速度	時速95km
編成	3～6両編成
製造両数	12両

DATA	キハ8500系
運行期間	1991～2001年
運行区間	神宮前・新名古屋～高山
最高速度	時速120km
編成	3両編成（JR東海キハ85系との併結を除く）
製造両数	5両

新緑の飛騨川に沿って走る名鉄特急キハ8000系「北アルプス」。高山本線焼石～飛騨金山間。

「中山七里」と言われる名勝地を走るキハ8000系特急「北アルプス」。高山本線下油井〜白川口間。

名鉄線内から下呂・高山へ高山本線乗り入れの長い歴史

名鉄から国鉄高山本線への乗り入れの始まりは、1932(昭和7)年10月にさかのぼる。高山本線は現在も非電化だが、当時は気動車も実用というにはまだまだの時代、なんと名鉄電車を蒸気機関車が牽いて乗り入れていたのだ。下呂温泉への観光客向けに電車2両を高山本線乗り入れ対応として改造し、車内半分を畳敷きにするという、お座敷列車のさきがけともいえる列車だった。しかし、第二次世界大戦の戦局の悪化と共にいつしか直通運転は休止されてしまった。

戦後の直通運転は、1965(昭和40)年8月に全車指定席の準急「たかやま」として神宮前〜高山間にデビューした。車両は国鉄の急行用キハ58系に準じた性能ながら、「パノラマカー」のような連続窓を備えた特

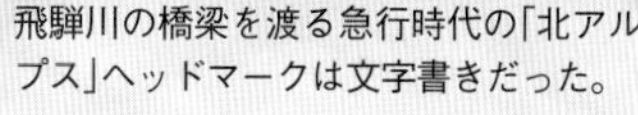

飛騨川の橋梁を渡る急行時代の「北アルプス」ヘッドマークは文字書きだった。

多客期には増結して長編成の特急「北アルプス」も見られ、JRの特急「ひだ」を補完した。

急車両並みの直通用ディーゼルカー、キハ8000系を新造した。電化私鉄としては異例のディーゼルカーであり、しかも私鉄では珍しい1等車（のちのグリーン車）も2両導入した。運転コースは神宮前駅から新名古屋駅を経て犬山線を走り、鵜沼で「連絡線」を通り高山本線に乗り入れるもので、このコースは以後も続いた。運行開始翌年の1966（昭和41）年3月ダイヤ改正からは急行列車に格上げされ、高山から飛騨古川駅まで延長運転された。

さらに1970（昭和45）年には、富山県と長野県を結ぶ観光ルート「立山黒部アルペンルート」が開通し、これを機に富山地方鉄道の立山まで乗り入れを開始。私鉄から国鉄、再び私鉄に乗り入れるという異例の列車になった。その壮大なコースを走り切るところから列車名も「北アルプス」と改名された。以後は1968（昭和43）年10月に運行を開始した

キハ85系と同等の性能を持つ名鉄キハ8500系が登場。路面区間併用の木曽川に架かる犬山橋を行く。

「北アルプス」「ひだ」の走る高山本線には下呂温泉、高山、白川郷など観光地が多い。白川郷は世界遺産としても有名で、高山駅からバスでアクセスしている。

国鉄の高山本線特急「ひだ」キハ80系「ひだ」とがっちりスクラムを組み、飛騨路を走り抜いた。

特急昇格に新型車両の投入 しかし全盛期は過ぎていた

特急「ひだ」登場から8年後の１９７６（昭和51）年10月には特急に昇格。だが、全盛期はこの頃までで、立山乗り入れは１９８３（昭和58）年で終了した。１９８７（昭和62）年の国鉄分割民営化・ＪＲ発足後も運行を継続したものの、１９９０（平成２）年には運行区間が高山までに短縮された。

そして、キハ80系気動車を使用していた特急「ひだ」が車両の老朽化によりＪＲ東海の新型ディーゼルカーキハ85系に代わったのを機に、名鉄も１９９１（平成３）年、「北アルプス」に同系に準じたキハ８５００系を投入した。エンジンはキハ85系と同様のカミンズ製強力エンジンを搭

Column

特急「ひだ」と共にあった「北アルプス」

「北アルプス」共に運用されていたのが国鉄車両のキハ80系と、それに代わるJR東海が開発したキハ85系である。名鉄の「北アルプス」もJRのモデルチェンジと共に同性能の車両に代わっていった。

キハ85系時代の「ひだ」

キハ80系時代の「ひだ」

北アルプス
1976年時刻表

神宮前	発	9:23
新名古屋	発	9:33
犬山	発	9:57
美濃太田	着	10:12
	発	10:14
下呂	着	11:19
	発	11:21
高山	着	12:19
	発	12:23
飛騨古川	発	12:38
富山	着	13:52
立山	着	15:05

北アルプス Route

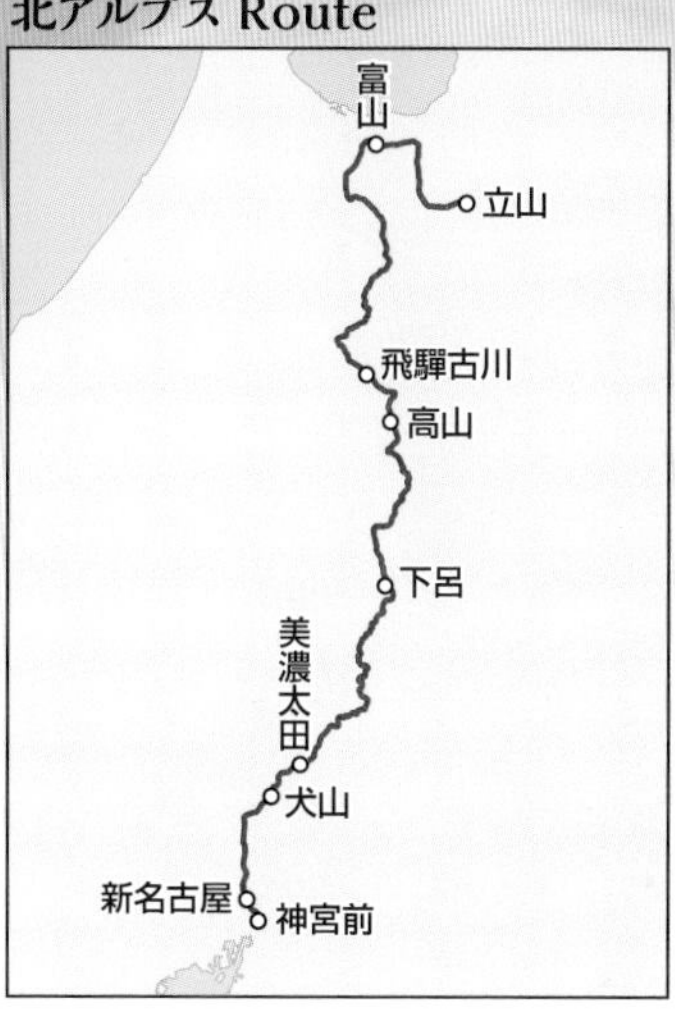

載し、最高速度は１２０㎞／ｈに達した。

しかしながら、高性能気動車を投入したにもかかわらず、観光においても鉄道の乗客離れは進み、名鉄でも名古屋～高山間に高速バスを運行するなどで利用は減少。残念ながら登場から10年後の２００１(平成13)年9月で「北アルプス」は廃止となり、名鉄からの高山本線乗り入れの歴史に幕を閉じた。

「北アルプス」で使用したキハ８５００系はその後、福島県の第三セクター鉄道「会津鉄道」に譲渡され、特別料金不要の快速列車「ＡＩＺＵマウントエクスプレス」として走っていたが、高速運転用ディーゼルカーを寒冷地のローカル線で生かすことは難しく、２０１０(平成22)年5月をもって引退した。だがその後、2両は驚くべきことにマレーシア・サバ州営鉄道に譲渡され、南の島で活躍を続けている。

7000系

パノラマカー

DATA

運行期間	1961～2009年
運行区間	豊橋～新名古屋（名鉄名古屋）～新岐阜（名鉄岐阜）など
最高速度	時速110km
編成	4～8両（通常運行時）
製造両数	116両

パノラマウィンドウが特徴の7000系「パノラマカー」はオール自由席の通勤通学電車として運用されていた。
その最前部のパノラマ席を確保するのが子供たちの憧れだった。1977年名古屋本線で撮影。

パノラマカー
Memorial Graph

通勤通学に使われていた頃のパノラマカー、まだ原形を保っていた。名電長沢〜本宿間、1976年撮影。

名古屋本線のほか犬山線から知多半島方面への特急として7000系が運用されていた。写真は路面併用だった木曽川に架かる犬山橋を行くパノラマカー。

パノラマカーは運転席が2階にある。この珍しい構造の電車の撮影アングルを探すことも楽しみのひとつだった。

「沿線住民の通勤の足」がパノラマカーのコンセプト

名鉄パノラマカーは「私鉄有料特急」だっただろうか？　と私は疑問を持っていた。

パノラマカーが登場したのは１９６１（昭和36）年6月のことで、当時は「パノラマカーは沿線住民の通勤の足に使われてこそ価値がある」というコンセプト通り、通勤・通学列車などとして運用され、特別料金は不要、全車自由席扱いだった。１９６３（昭和38）年には改良型の７５００系も増備され、名鉄といえばパノラマカーという全盛期を築いた。後に展望席はないものの、側面デザインが同一の７７００系なども登場した。

私は17～20歳代まで名古屋に住んでいたので、パノラマカーは何度も乗っていたが、休日などは先頭車の展望席の取り合いが凄まじく、先頭

1977年に特急は座席指定となり、パノラマカーにはその目印として「白帯」が入った。

豊明付近を走る「白帯車」。新たに自由席車は特急から名称を「高速」に変えてパノラマカーも運用された。

車に乗るためには始発駅から乗車するのが賢明だった。

1977年（昭和52年）3月20日のダイヤ改正で特急はすべて座席指定車両となった。特急には基本的に7000系・7500系・7700系が投入され、特急用車両はそれまでスカーレット一色だった車体に白帯が入り「白帯車」と呼ばれた。同時に、新たに特別料金不要・自由席で特急に相当する「高速」という種別が誕生し、こちらにもパノラマカーは使用された。

1961（昭和36）年に誕生したパノラマカーはその名の通り、運転席を2階に上げ、先頭車両の最前部客室を展望席にした日本初の電車として華々しく登場した。

このパノラマカーが登場する8年前、1953（昭和28）年にはイタリアで前面展望車の元祖、ETR300型電車が走り始めていた。名列車といわれた特急「セッテベロ」に使

昭和53（1978）年にパノラマカーの運転台に添乗取材が許可され、名古屋本線上を取材したが、やはり思った通りに運転台は狭く、助手席に座ったまま動けない状態で、満足な取材が出来なかったことを覚えている。それでも憧れのパノラマカー運転台の経験は良き思い出として残っている。

乗車記 1978年

当時の最高速度は110km/hで車内のスピードメーターに一喜一憂したものである。

マスコンハンドルを握る運転士も高速運転なので緊張が続いたに違いない。

添乗取材を終え、新岐阜に到着するパノラマカー。高い位置の運転台からの眺望は新鮮な展望風景だった。

用された、往年のヨーロッパを代表する豪華列車である。

鉄道近代化が急速に進んだ昭和30年代生まれの名車両

昭和30年代、わが国の国鉄、私鉄の特急列車は近代化を模索中で、欧米の鉄道の影響を受けたものが多く登場した。名鉄パノラマカーも、このセッテベロ号のデザインを参考に造られたもので、パノラマカーに次いで1963（昭和38）年には同様の前面スタイルの展望電車が小田急ロマンスカーNSEとして登場した。この当時は国鉄の「こだま」号登場から新幹線の開業に至る、日本の鉄道車両の近代化が急速に進んだ時代であった。

名鉄パノラマカーは、スカーレット一色の鮮烈な塗装にモダンな連続窓、駅を通過するときにはミュージックホーンを鳴らして走る、当時としては極めて斬新な列車だった。迫

豊橋〜新岐阜間特急
***1977*年時刻表**

豊　　橋	発	8:13
東 岡 崎	発	8:36
神 宮 前	発	9:01
新名古屋	発	9:10
新 一 宮	発	9:26
新 岐 阜	着	9:40

新岐阜に到着すると増結用「白帯車」が待機していた。

パノラマカー Route

力ある前面展望風景を眺めようと、当時の子供たちは先を争って最前部の席に陣取った。その天井付近には、ネオン光菅（ニキシー管といわれた）によるスピードメーターが設置され、最高時速の110km/hに達すると、子供ならずとも車内は熱気に包まれた。

華々しく登場し、1962（昭和37）年の鉄道友の会ブルーリボン賞を受賞した名車は、名古屋本線の特急から支線の普通列車まで幅広く活躍し、まさに名鉄のシンボル的存在となって長年沿線住民らに親しまれたが、寄る年波には勝てず後継車の7500系が2005（平成17）年にまず引退、7000系は2009（平成21）年8月末のさよなら運転を最後に運用から外れて廃車となった。

パノラマカーは名鉄のみならず、日本の鉄道車両史にその名を残す名車の一つであることは間違いないであろう。

報道公開の試乗会の日、公開場所付近で3400系(1937-2002)流電「いもむし」と顔を合わせるサプライズがあった。1984年撮影。

8800系パノラマDX

パノラマカーがフラッグシップトレインの名鉄が1984(昭和59)年に世に送り出した特急用車両が、パノラマDX(デラックス)だ。7000系のパノラマ展望席と異なり、パノラマ部分がハイデッカー構造になり、車内もリゾート感覚たっぷりのコンパートメント個室タイプなど豪華設備となった。1984年12月15日から営業運行開始となり、当時のパノラマDXの座席指定料金は500円の料金が設定され、おしぼりのサービスや車内販売も行われた。2005(平成17)年1月のダイヤ改正で全車両が運用を外れ3月に廃車となった。

2015(平成27)年からデッキおよび客室の内装と設備品や、外観カラーリングが変更されるリニューアル工事が行われた。2017年2月、神宮前駅で撮影。

1000系パノラマSuper

パノラマSuperは名鉄伝統の7000系(パノラマカー)の後継特急車両として開発され、1988(昭和63)年7月に営業運転を開始した。展望室はハイデッカー構造で、車内サービスとしてニュースなどのデータ受信サービスやラジオの受信ができるようになった。一時は中部空港へのアクセス列車にも運用されたが、2008(平成20)年12月26日をもって運用を離脱した。写真は全盛期のころ西枇杷島〜東枇杷島間ですれ違うパノラマSuper同士。

1988年に西枇杷島駅のデルタ線(三角線)で報道公開が行われ、その時本線を白帯のパノラマカーが通過、新旧が顔を合わせた。

名鉄1700系

1999(平成11)年に1600系として登場した名鉄の特急車である。7000系白帯車の置き換えを目的として導入され、パノラマSuperの愛称は保っていたが展望車はなかった。1600系は2008(平成20)年までに8両が1700系に改造されたが、併結運転していた2330系との相性が悪く、1700系はドア開閉、制御盤の不都合とかかなりの頻度で故障していたという。2021(令和3)年に運用は終了し廃車された。写真は2017(平成29)年2月に併結運転で走る1700系、神宮前駅付近。

西武鉄道

5000系

レッドアロー

DATA

運行期間	1969～1995年
運行区間	池袋・西武新宿～西武秩父、西武新宿～本川越
最高速度	時速105km
編成両数	4両→6両
製造両数	36両

新雪の冬晴れの高麗川を渡る5000系レッドアロー「ちちぶ」。吾野〜東吾野間、1977年12月撮影。

レッドアロー

Memorial Graph

レッドアロー「むさし」は池袋〜飯能だけではなく、西武新宿〜所沢間や本川越まで運転されていた時代があった。

レッドアロー「ちちぶ」は池袋に到着すると駅職員の手によってヘッドマークを交換する作業を行っていた。

駅を颯爽と通過していったレッドアローの鮮烈な印象

私がまだアニメーションの仕事をしていた頃、アニメーターたちと西武池袋線の椎名町近くの喫茶店で打ち合わせを済ませ、ホームで電車を待っていると上り線を新型特急「レッドアロー」が通過して環七の高架下に消えていった姿をはっきり記憶している。残念ながら写真には残っていないが、その印象は強烈だった。

西武鉄道初の特急専用車両5000系レッドアローは、西武秩父線の開業と同時に運行する特急のために開発され、1969(昭和44)年10月14日に運転を開始した。窓下にステンレス製の銀色の飾り板を配した前面デザイン、クリーム色のボディに赤いラインを配したカラーリングが鮮烈な印象を与えた。

西武池袋線沿線には東映動画や虫プロなどのアニメ会社が多く存在す

特急「ちちぶ」
*1969*年時刻表

池　　袋	発	9:10
所　　沢	発	9:34
飯　　能	発	9:56
西武秩父	着	10:34

正丸トンネルは開業時には全長4811mの私鉄では日本一長いトンネルだった。そこを飛び出してくるレッドアローを駅員の許可を得て撮った。1977年撮影。

「レッドアロー」Route

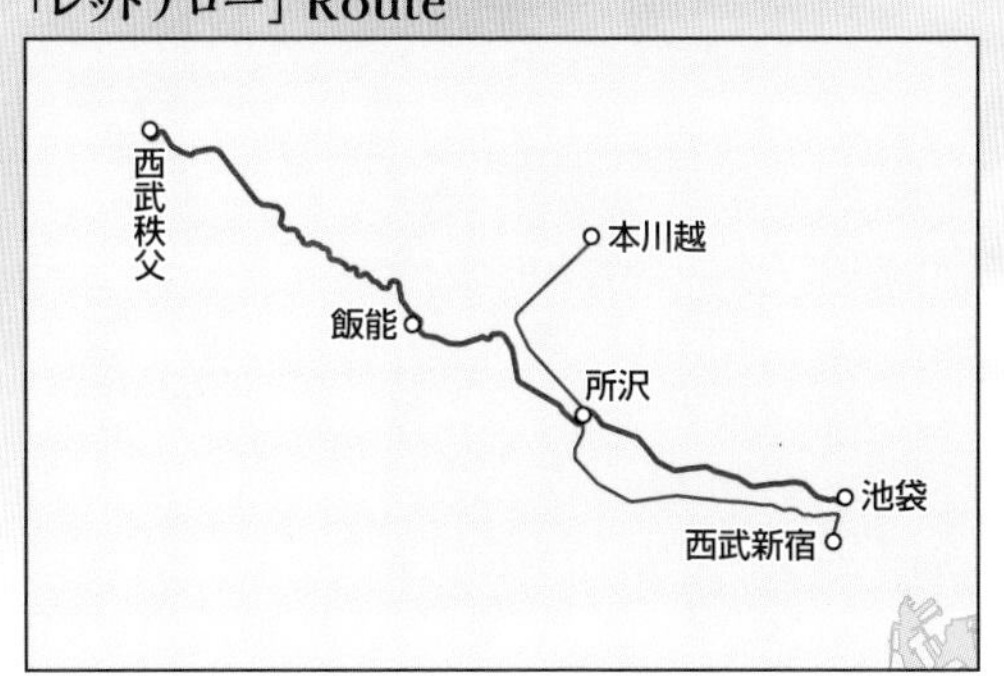

まだ緑が豊かだった石神井公園付近を走るレッドアロー「ちちぶ」号　1978年撮影。

るため、アニメーターや関係者が多く住んでいた。休日には仲間たちと西武秩父線沿線をよくハイキングしてレッドアローを眺めたものだった。

本格的にレッドアローを撮るようになったのは、鉄道カメラマンになって以降の1977(昭和52)年からであった。当時、西武秩父線や池袋線には貨物列車が運転されており、牽引する機関車は主に戦前に輸入された外国製の「珍品」で大いに写欲をそそった。そのついでではないが、ある日正丸駅で許可を取り、当時私鉄のトンネルとしては日本一の長さを誇った正丸トンネルを飛び出すレッドアローを撮ったのが、最も印象に残っている。

西武初の特急車だったレッドアローも、1990年代に入ると後継の「ニューレッドアロー」10000系登場によって活躍の幅を狭め、1995(平成17)年10月31日で定期運用を終えた。

10000系

ニューレッドアロー

吾野駅に進入する10000系ニューレッドアロー「ちちぶ」この辺りは鉱山が多い。2019年4月撮影。

横4列の座席。特別な座席はなかった。

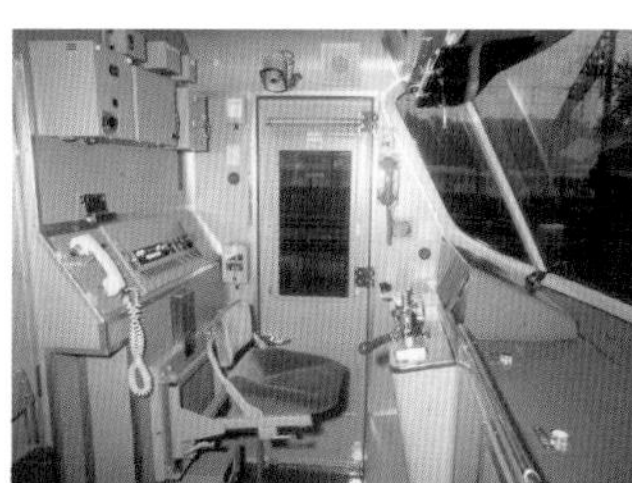

報道公開時に取材した10000系の運転台

新宿線の新特急と同時デビュー「クラシック」塗装車も話題に

初代特急車両5000系の老朽化による置き換えと、新宿線で新たに運行を開始する特急「小江戸」用として1993（平成5）年12月に運行を開始したのが「ニューレッドアロー」10000系電車だ。当初は「小江戸」の運用に入り、翌1994（平成6）年から西武池袋線でも運用を開始、翌年までに5000系をすべて置き換えた。

グレー濃淡に赤帯の落ち着いた塗装が特徴の10000系だが、特筆すべきは2011（平成23）年11月から2021（令和3）年6月まで運行された、初代レッドアロー5000

DATA

運行期間	1993年～現在
運行区間	池袋～西武秩父・西武球場前、西武新宿～本川越
最高速度	時速105km
編成両数	7両
製造両数	84両

特急「小江戸」
***1993*年時刻表**
（運行開始時）

西武新宿	発	7:19
高田馬場	発	7:23
所　　沢	発	7:50
狭　山　市	発	7:58
本　川　越	着	8:05

2020年3月の「ちちぶ号」ラストラン前に取り付けられたヘッドマークは人気の的だった。2020年2月所沢駅。

「ニューレッドアロー」Route

新形ラビューと顔を合わせた10000系「レッドアロークラシック」2020年10月西武球場前駅。

系の塗装を模した「レッドアロークラシック」だ。このリバイバルカラーは鉄道ファンの間で大いに話題となった。

10000系は、後継となる001系「ラビュー」の投入に伴い、2020（令和2）年3月13日に池袋線、西武秩父線での定期運用を終了した。その際「ちちぶ」運用の10000系には大きな「さよなら」ヘッドマークが取りつけられ、沿線には別れを惜しむ鉄道ファンがカメラを向けていた。

新宿線の特急「小江戸」は今も全列車が10000系で運転されており健在であるが、池袋線からの撤退で余剰となった10000系は富山県の富山地方鉄道に譲渡され、グレー濃淡と赤帯の塗装はそのままに2022（令和4）年から営業運転を開始している。同鉄道には5000系も譲渡されており、西武新旧特急が活躍しているのが嬉しい。

001系

Laview

武甲山をバックに走るLaview。横瀬～西武秩父間。

右上／池袋駅で発車を待つ「Laview」。左上／窓が大きく車窓の展望重視の客席。　下／正丸トンネル内に信号所があり、トンネル内でLaview同士のすれ違いを行う。その様子が車内のモニターに映し出される。

DATA

運行期間	2019年～現在
運行区間	池袋～西武秩父
最高速度	時速105km
編成	8両編成
製造両数	56両

球面形状、シルバー調のボディ 新時代を感じさせる特急

10000系「ニューレッドアロー」の後任としてデビューしたのが25年ぶりの新型特急001系「Laview（ラビュー）」である。建築家・妹島和世氏監修のもと車両開発を進め、西武鉄道の新たなフラッグシップトレインとして、2019（平成31）年3月16日にデビューした。これまでの特急のイメージを覆すような球面形状の前面、シルバー調のボディ、パノラマで景色を臨める大きな窓などが新時代の特徴的なスタイルで登場時に大いに話題になった。

Laview「ちちぶ」3号 2023年時刻表

駅	発着	時刻
池袋	発	6:50
所沢	発	7:13
入間市	発	7:24
飯能	発	7:34
横瀬	着	8:08
西武秩父	着	8:12

京成電鉄

初代AE形

スカイライナー

上野を出発して国鉄（当時）の線路を高架で越えて西日暮里に向かうAE車。1978年撮影。

DATA

運行期間	1973〜1993年
運行区間	京成上野〜京成成田・成田空港
最高速度	時速105km
編成	6両編成→8両編成
製造両数	42両

不運の初代空港特急 短命だったAE形

1973（昭和48）年春に予定されていた新東京国際空港（成田空港）の開港に向け、京成電鉄が前年の1972（昭和47）に6両5編成を新造した特急車が初代AE形（Airport Express）である。

当初、空港アクセス鉄道の本命は国鉄の成田新幹線とされ、京成はほとんど考慮されていなかった。だが、成田新幹線が着工以後の反対運動などで暗礁に乗り上げる中、京成への期待が高まり、開港に向けて車両の製造が進んだ。

だが、空港反対闘争などの影響で開港は大幅に遅れて1978（昭和

1983年には塗装が変更されイメージチェンジした。

「スカイライナー」
***1978*年時刻表**
（運行開始時）

京成上野	発	6:30
成田空港	着	7:30

「スカイライナー」Route

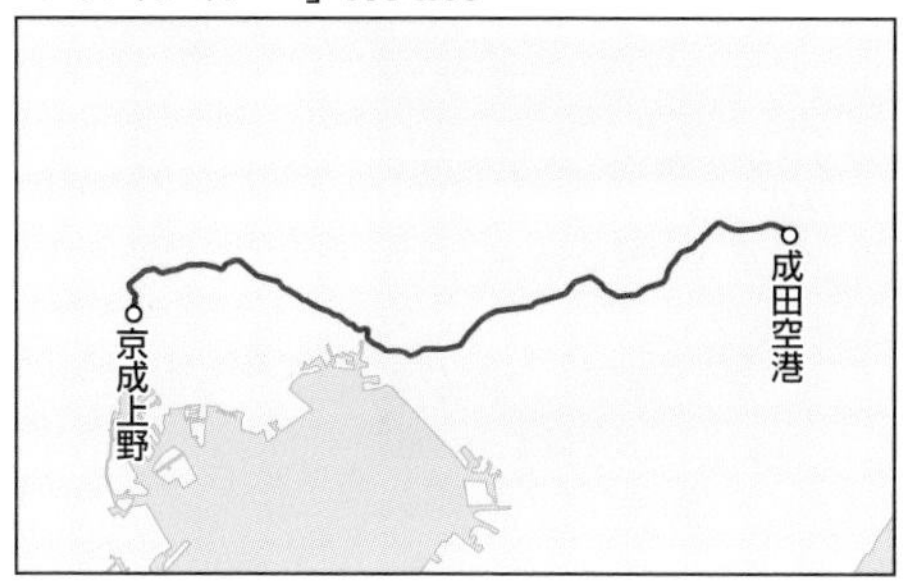

53）年に延期となり、ＡＥ車は暫定的に京成上野～京成成田間の特急として運転されることとなった。さらに空港反対闘争は過激化して、開港直前の同年5月5日には過激派によって宗吾車庫に留置中のスカイライナーに放火される事件が発生、１編成が焼失する不運に見舞われた。

成田空港は予定より約6年遅れて１９７８（昭和53）年5月20日に開港し、翌21日からＡＥ車による空港特急「スカイライナー」が運転を開始した。流線形の車体に施された塗装は、かつての京成特急を彷彿させるクリームとマルーンのシックなツートンカラーだったが、１９８３（昭和58）年9月からは塗装の変更がなされホワイトとブルー・赤ラインに変更された。

初代空港特急として活躍したＡＥ形は１９９３（平成5）年に引退したが、足回りなどの主要機器類は通勤車両の３４００形に生かされた。

AE100形

スカイライナー

二代目AE100形はモデルチェンジして1990年6月に登場した。1990年宗吾車庫で撮影。

ドア上の列車案内電光掲示板

営業運転を前に報道試乗会で上野駅に到着したAE100形。

成田・羽田直結特急向け？
貫通扉付きスカイライナー

初代AE車に代わる次世代の空港特急として1990（平成2）年6月19日に運転を開始したのがAE100形だ。1991（平成3）年に控えた成田空港ターミナルビル乗り入れに向けて増備され、1993（平成4）年までに計7編成が出そろい、波乱に富んだ人生を送った初代AE形は次第に運用を外れ、通勤車両3400形に姿を変えていった。

2代目となる「スカイライナー」AE100形は、運転開始当時は「ニュースカイライナー」とも呼ばれていた。私は運行開始前の報道公開でAE100形を取材したが、大

DATA

運行期間	1990〜2015年
運行区間	京成上野〜成田空港
最高速度	時速110km
編成	8両編成
製造両数	56両

AE100形の運転台も報道陣に公開された。

「スカイライナー」
1991年時刻表
(空港ターミナル乗り入れ時)

駅		時刻
京成上野	発	6:30
日暮里	発	6:35
成田空港	着	7:32

横4席のひじ掛け付のリクライニング座席。

「スカイライナー」Route

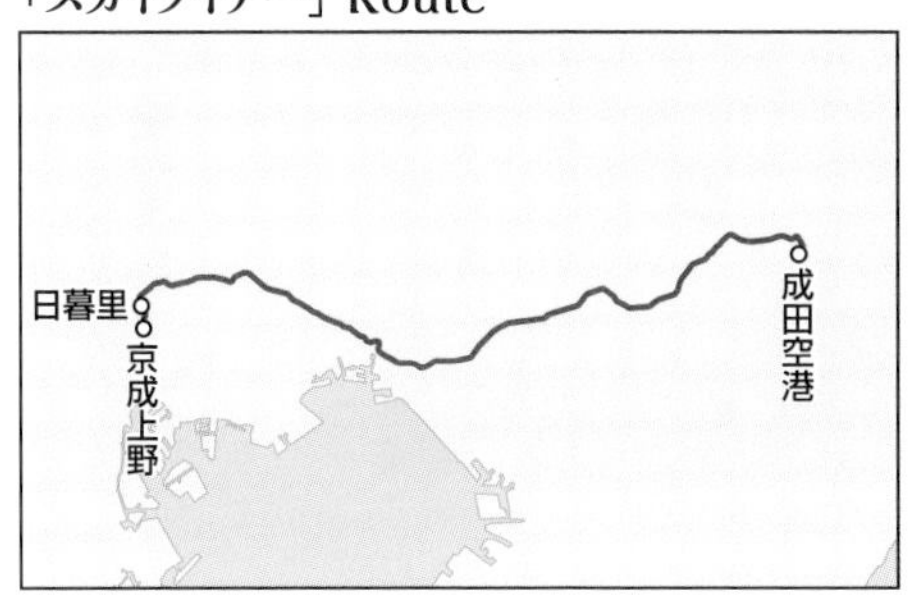

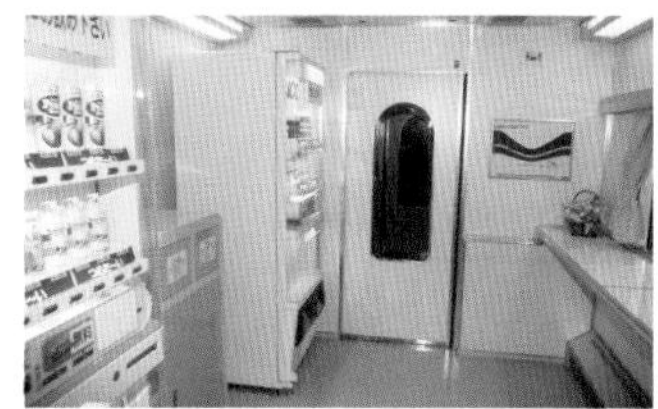
中間車には「ロビーカー」のような部屋があり自販機があり、立ち席のテーブルが供えられていた。

きな特徴は流線形の特急車両でありながら前面に非常用貫通扉があること、ヘッドライトがリトラクタブル(格納式)であること、そして床下機器類が側面スカートで覆われていたことだ。

この取材時に、私は担当者からいくつかの興味ある事項を聞いた。前面の貫通扉は将来、都営地下鉄浅草線経由で京急線に乗り入れて成田空港から羽田空港までの両空港間を直結する列車に使用する際、地下鉄線内を運行できるようにするための「貫通扉」であるとの説明だ。

しかし、「スカイライナー」による成田・羽田空港間直通運転は今も実現していないのが現状である。そしてAE100形は2010(平成22)年の成田スカイアクセス開業によって「スカイライナー」運用から外れ、本線に新設された特急「シティライナー」用となり、2015(平成27)年11月末で定期運用を終えた。

2代目AE形

スカイライナー

2010年6月の特別試乗会には当時の千葉県知事森田健作さんと京成社長も出席した。

モダンなデザインの運転席。

落ち着いたシックなデザインが施されているエントランス。

私鉄特急最高速度を誇る 3代目空港アクセス列車

２０１０（平成22）年の成田スカイアクセス線（京成高砂駅から成田空港駅までを印旛日本医大・成田湯川などを経由して結ぶ路線の愛称）の開業に合わせて3代目スカイライナーとして登場したのが2代目の「ＡＥ形」だ。スカイアクセス線内は、新幹線以外の列車では日本最速の１６０km／h走行を実現し、都心と成田空港間を最速36分で結んでいる。

成田空港開港の遅れに端を発する初代ＡＥ車の波乱に満ちたスタートを思い起こせば、スカイライナーは京成電鉄のフラッグシップトレインとして、我が国でもまれな進化、発

DATA

運行期間	2010年～現在
運行区間	京成上野～成田空港
最高速度	時速160km
編成	8両編成
製造両数	72両

2011年度ブルーリボン賞受賞記念のラッピングAE車が荒川を渡る。堀切菖蒲園〜京成関屋間、2012年1月撮影。

展を遂げて成功した列車といえるであろう。

斬新な車両のデザインは、著名なファッションデザイナー山本寛斎氏によるもので、外装のデザインコンセプトは高速性能をアピールして颯爽と走る「風」をイメージしている。内装は〝凛〟をイメージした市松模様や白・藍染の色を使用して「和」を生かした外国人をもてなす気持ちを表しているという。２０１０(平成22)年には京成初のグッドデザイン賞、翌２０１１(平成23)年には初代ＡＥ車に続き、鉄道友の会のブルーリボン賞を受賞した。

私は２０１０(平成22)年6月23日に開催された特別試乗会で、営業運転より一足先に１６０㎞／h運転を体験した。この日は大塚弘京成電鉄社長(当時)をはじめ、森田健作千葉県知事(当時)らが乗車し、成田スカイアクセス線での高速走行を体験した。

スカイアクセス線を160km/hで疾走するスカイライナー。在来線では日本最速を誇る列車だ。

「スカイライナー」
2010年時刻表

駅		時刻
京成上野	発	6:30
日暮里	発	6:35
空港第2ビル	発	7:11
成田空港	着	7:14

座席はシックな中にもデザイナーの個性が光る。

「スカイライナー」Route

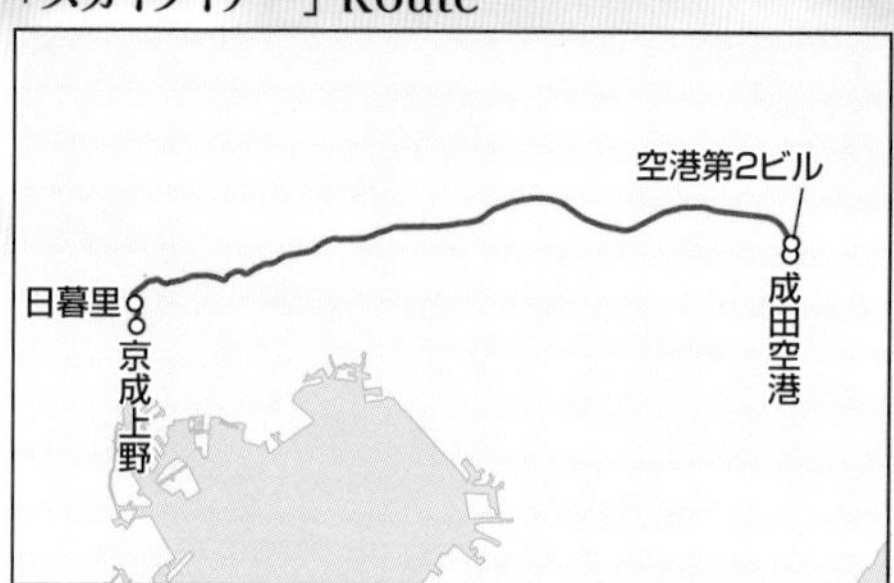

荷物置き場も広々としている。

当時運転されていた北越急行線経由の特急「はくたか」で在来線の160km/h運転を体験したことはあったが、これはJR車両かJRタイプの車両であり、私鉄特急車両においては未知の高速運転なので楽しみに乗車した。カーブの多い京成本線からスカイアクセス線に入ると実にスムーズに速度を上げ、車内放送が160km/hに達したことを告げた。同乗していた鉄道カメラマンからは拍手が起こったほどである。

それにしても日暮里〜成田空港(空港第2ビル)間最速36分は快適で速い。かつて1978(昭和53)年にヨーロッパ鉄道取材のため、開港したばかりの成田空港に初代AE車で向かうとき、連続するカーブ区間でひどい揺れのため、トイレの洗浄液が飛び出して、ズボンを濡らしたことを思えばまさに隔世の感であった。

地方私鉄

長野電鉄
富山地方鉄道
伊豆急

長野電鉄
2000系

奥志賀

DATA

運行期間	1957〜2012年
運行区間	長野〜湯田中・木島・屋代
最高速度	時速100km
編成	3両
製造両数	12両

北信五岳が望む秋の信州を走る2000系特急「奥志賀号」。都住～桜沢、1976年11月撮影。

奥志賀 Memorial Graph

リンゴがたわわに実るころ「リンゴっ子特急」がやって来た。都住〜小布施間、1976年11月撮影。

丸っこい車体に赤い塗装 スマートな「リンゴ特急」

1976(昭和51)年の秋、秋晴れの長野電鉄を訪れ2000系特急「奥志賀」に初乗車を果たした。まだ長電の長野駅が地上駅だったころである。沿線に赤いリンゴが実る頃、青空をバックに走るリンゴをイメージした塗装の電車は私の心を捉えた。この丸みを帯びたスタイルには故郷、福井鉄道福武線の同世代の急行電車200形に通ずるものを感じ、より親しみを持つようになった。

2000系電車は、長電が開発に大きく関わった観光地、志賀高原への特急として1957(昭和32)年3月、長野〜湯田中間に1日5往復設定されたのが始まりである。各列車には沿線観光地にちなむ愛称が名づけられ、その後「奥志賀」に統一されたが、やがて愛称はあまり使われなくなった。

稲刈りが終わった秋晴れのもと「リンゴっ子特急」が走る。桜沢～都住間、1976年11月撮影。

特急奥志賀
***1976*年時刻表**

駅		時刻
長野	発	8:40
権堂	発	8:41
須坂	発	8:56
信州中野	発	9:10
湯田中	着	9:21

奥志賀 Route

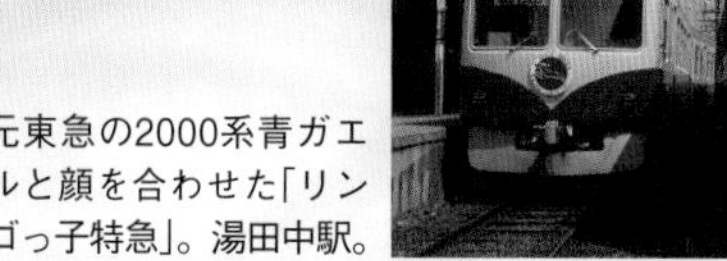

元東急の2000系青ガエルと顔を合わせた「リンゴっ子特急」。湯田中駅。

塗装変更され冷房装置を搭載した2000系、だいぶイメージが変わったと思った。湯田中駅。

この電車は鉄道車両の名門・日本車輌製で、正面デザインは当時流行した前面2枚窓の「湘南顔」を採用。前面は全体的に緩やかな曲面を描いており、全体の印象は名鉄の5000系を彷彿とさせたが、クリーム色と赤の塗り分けが信州のリンゴを思わせ、その色合いが個性を引き出し「リンゴ電車」などと親しまれた。

1989(平成元)年以降は冷房の搭載と窓のユニットサッシ化を実施、塗装も複雑なストライプに変更された。その後も長電の顔として、志賀高原や湯田中温泉郷への観光客輸送に励んできたが老朽化が進み、2006(平成18)年には小田急からロマンスカー10000形の譲渡を受け投入。晩年にはかつての塗装に復刻された。最後まで残った1編成は、2012(平成24)年3月末で廃止となった屋代線の最終臨時列車に充当され、同線とともに長い歴史に幕を閉じた。

長野電鉄
1000系

ゆけむり

長野から朝陽までは地下区間と複線が続く。この区間を走る1000系「ゆけむり」は小田急時代を彷彿とさせる。2010年6月撮影。

念願の展望室付き特急は もと小田急ロマンスカー

長野電鉄は2000系を増備していたころ、スキーや温泉ブームもあり観光客が増加するなかでさらなる新型の特急を計画していた。そのコンセプトは「展望電車」だった。

これは結局実現しなかったが、2005(平成17)年、長電は小田急電鉄のロマンスカー10000形HiSEを譲り受け、翌2006(平成18)年12月から観光特急「ゆけむり」として運行を開始した。譲渡車とはいえかつて計画していた通り、前面展望特急を保有することになったのである。

小田急10000形はハイデッカ

DATA

運行期間	2006年～現在
運行区間	長野～湯田中
最高速度	時速90km
編成	4両
製造両数	8両

A特急 ゆけむり
2007年時刻表
（運行開始直後）

駅		時刻
長　　野	発	10:40
権　　堂	発	10:51
須　　坂	発	11:07
信州中野	発	11:23
湯 田 中	着	11:35

長野電鉄の撮影の名所、夜間瀬川を渡る1000系「ゆけむり」のどかな風景に小田急ロマンスカーHiSEの安住の地を見た思いだ。2016年5月撮影。

Column

小田急ロマンスカーHiSEが走る

長野電鉄1000系は、かつて小田急ロマンスカーHiSEとして活躍した電車である。ハイデッカー構造のため2000年に制定された「交通バリアフリー法」により引退を早めて、2012年3月までに運用から外れ廃車となった。観光用展望車を望んでいた長野電鉄が譲り受けて観光特急として運転しているものである。

箱根登山鉄道内を走っていたHiSE「はこね」、同車は速い引退を余儀なくされた。

ゆけむり Route

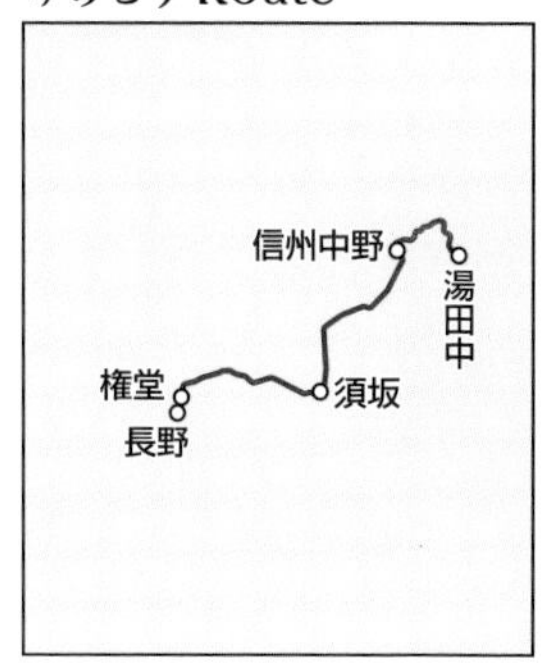

ー構造が仇となり、バリアフリーに対応できないとして運用離脱、廃車となった車両である。長電には2編成が譲渡されて1000系として4両に短縮され、トイレや洗面所がなくなったほか、赤の色調も若干変わったが、前後の展望室も含めてほとんど小田急時代の姿を保っている。

「ゆけむり」は当初、停車駅の少ない「A特急」のみの運用だったが、その後停車駅の多い沿線利用向けの「B特急」にも使われるようになった。A特急として運用される際は、展望席を含む先頭車両が指定席となる。このほか、観光客向け特急として各駅停車と同じくらいの運転時間でゆっくりと走り、沿線の観光スポットや歴史、名産物に関する説明を楽しみながら走る「特急ゆけむり～のんびり号～」も運行しており、観光スポットでは写真撮影のための徐行運転のサービスも行うなど、看板特急車両として活躍している。

スノーモンキー

湯田中駅は急勾配の上にある。2100系は軽やかに勾配を下りリンゴ畑の中を走る。

車体に掲示された「温泉に入る猿」をイメージされたデザイン画。

温泉の駅「湯田中」に到着した「スノーモンキー」、駅周辺には多くの温泉地が点在する。スノーモンキーで有名な地獄谷温泉もそのひとつ。

成田空港アクセス特急転じて雪原の「スノーモンキー」に

老朽化した2000系を置き換える次期特急車として、小田急ロマンスカー10000形に次いで長野電鉄が導入したのがJR東日本の初代「成田エクスプレス」253系だった。長電は2010(平成22)年に譲渡を受け、機器類などの改造を行ったうえで2011(平成23)年2月から2100系として運行を開始した。

愛称は「スノーモンキー」。終点の湯田中駅からさらに奥の地獄谷野猿公苑で世界的に知られる「雪景色の露天風呂に入る猿」にちなんで名付けられた。車体側面には温泉に入る猿の大きなステッカーが張られて

DATA

運行期間	2010年～現在
運行区間	長野～湯田中
最高速度	時速90km
編成	3両
製造両数	6両

A特急
スノーモンキー
2021年時刻表

駅		時刻
長野	発	9:53
権堂	発	9:55
須坂	発	10:10
小布施	発	10:16
信州中野	発	10:25
湯田中	着	10:37

かつて成田空港アクセス特急として走っていたJR253系が信州の地で観光特急「スノーモンキー」として活躍中だ。桜沢〜都住間、2016年5撮影。

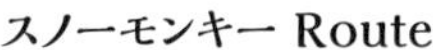

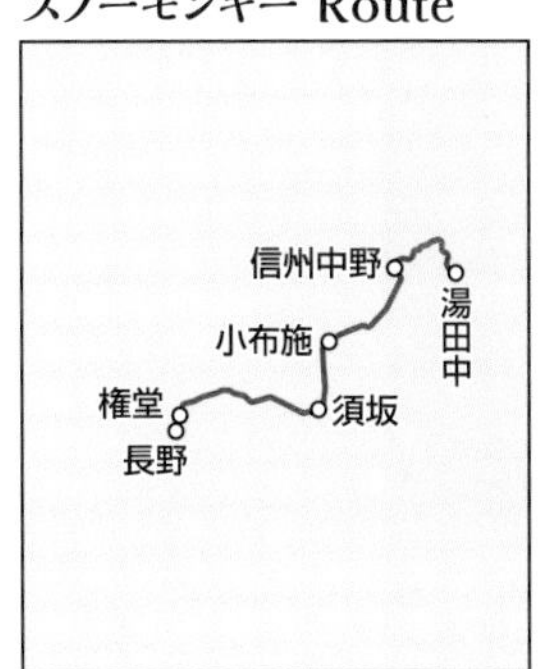

地獄谷野猿公苑は、1964年開苑以来、温泉に入るニホンザルとして知られ、広く世界的にも知れている。湯田中駅からバス15分、スノーモンキーパークから徒歩35分。

いる。

２編成あり、１本は成田エクスプレス時代の塗装を踏襲しているが、もう１本は白を主体としたやや異なる塗装に改められている。内装はどちらの編成も、洗面所の撤去やトイレが使用停止となっている以外はほとんどＪＲ時代と変わっておらず、湯田中寄り先頭車の１号車はリクライニングシート、２・３号車は集団見合い式のシートだ。１号車の運転室後ろに配置されたグリーン個室もそのままで、長電では４人個室の指定席として「Ｓｐａ猿〜ん」と命名されている。

１０００系「ゆけむり」同様、Ａ特急として運転する際は１号車が指定席となるが、そのほかは自由席で、特急料金１００円でかつての「成田エクスプレス」の乗り心地を楽しめる。指定席は３００円、個室は１２００円だ。

富山地方鉄道

アルペン号

DATA

運行期間	1976年～現在
運行区間	宇奈月温泉～立山
最高速度	時速95km（本線）
編成	2・3両

立山黒部アルペンルートの始発駅立山駅に到着した16010形電車は、元西武鉄道5000系の「レッドアロー」。

立山駅手前の常願寺川橋梁を渡る元京阪3000系の10030系。富山地鉄では特急でも運用される。

「アルペンルート」のシーズンに走る特急

富山地方鉄道沿線の有名観光地「立山黒部アルペンルート」と宇奈月温泉・黒部渓谷を結ぶ特急列車が「アルペン」号である。春から秋にかけての立山黒部アルペンルートの開通時期のみ運行される。1976(昭和51)年4月に宇奈月温泉〜立山間をノンストップで結ぶ特急の運行が始まり、その際に「アルペン特急」の愛称がつけられた。

コロナ禍の影響により、2022(令和4)年4月のダイヤ改正ではすべての特急の運転がなくなっていたが、2023(令和5)年4月のダイヤ改正では休日の宇奈月温泉発立山行き1本のみ運行を再開した。

歴代の車両で特筆されるのは、かつて特急「北アルプス」として立山まで乗り入れていた名古屋鉄道のキハ8000系気動車が間合い運用さ

始発駅の電鉄富山駅に並ぶ特急「うなづき」の14760形(右)。10030系も特急でも使用される。

特急アルペン 2023年時刻表

駅		時刻
宇奈月温泉	発	9:02
新黒部	発	9:19
電鉄黒部	発	9:24
新魚津	発	9:32
電鉄魚津	発	9:34
中滑川	発	9:45
上市	発	9:56
寺田	着	10:00
	発	10:09
立山	着	10:46

アルペン号Route

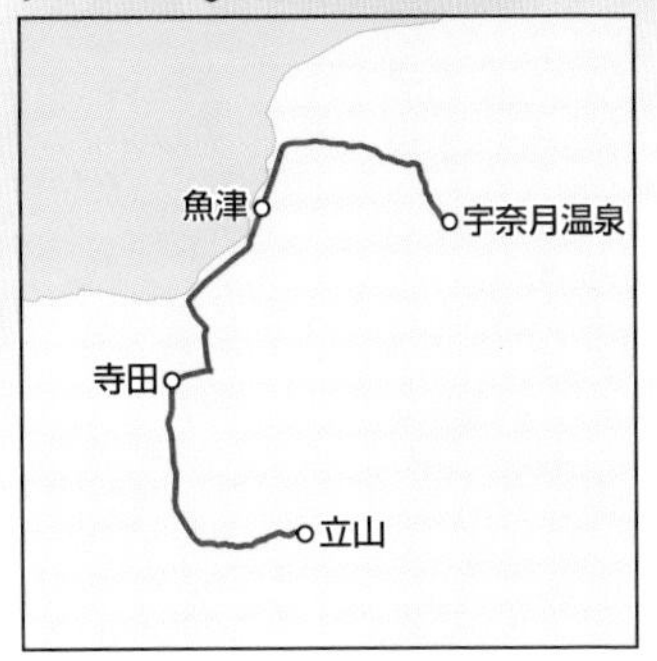

京阪時代の3000系が鴨川沿いに走る。「テレビカー」として親しまれた。

れていたことだ。通常は、1979(昭和54)年から新造した富山地鉄初の冷房車14760形や、1995(平成7)年から翌年にかけて西武鉄道から譲り受けた元「レッドアロー」5000系の16010形などで運用してきた。16010形は2011(平成23)年12月、2編成のうち1編成が水戸岡鋭次氏のデザインによってリニューアルされ、「アルプスエキスプレス」の名で運行を開始した。西武からは2022(令和4)年に「ニューレッドアロー」10000系も転入し、3両編成で20020系として活躍中。特急運用に就いたこともある。

「テレビカー」として知られた、元京阪電鉄の特急用車両3000形も富山地鉄の主力として活躍する。1編成は2階建て車を組み込み、「ダブルデッカーエキスプレス」となった。当初は特急運用に就いたが、今はもっぱら普通列車に使われている。

伊豆急

THE ROYAL EXPRESS

DATA

運行期間	1993～2016年（アルファ・リゾート21）2017年～現在（THE ROYAL EXPRESS）
運行区間	東京・横浜・熱海・伊東～伊豆急下田など
最高速度	時速110km
編成	8両
製造両数	8両

伊豆急下田～横浜間で運転時の「THE ROYAL EXPRESS」。東海道本線根府川～早川間、2017年7月撮影。

竣工したばかりの「アルファリゾート21」、伊豆急の名物電車リゾート21のデラックス版だった。

画期的車両「リゾート21」最終編成は豪華列車に変身

「THE ROYAL EXPRESS(ザ・ロイヤルエクスプレス)」は、2017(平成29)年7月21日に横浜～伊豆急下田間で運行を開始した観光ツアー列車だ。車両は伊豆急2100系5次車「アルファ・リゾート21」の改造である。本書では定期列車の有料特急(通勤ライナーなどは除く)を取り上げているので、その例にならって同列車の登場時から改造されるまでの経緯を解説する。

1985(昭和60)年7月に伊豆急に登場した2100系「リゾート21」は画期的な電車であった。その名の通り伊豆観光の目玉として登場したが、特急ではなく通常の通勤・通学にも使われる普通電車として投入された。なぜ画期的な電車かといえば、先頭車に階段状の展望席を設置し、客席も海側の景色を眺めやすいよう

THE ROYAL EXPRESS 2023年 運行コースの一例

横浜	発	11:50頃
伊豆急下田	着	15:10頃

伊豆急下田と東京間で運転されていた特急「リゾート踊り子」にも運用された。大森付近、2009年9月撮影。

東伊豆の海岸の絶景を見て走る「アルファリゾート21」。伊豆北川付近、2012年7月撮影。

THE ROYAL EXPRESS Route

行楽シーズンには臨時の「踊り子」号として都内近郊に乗り入れていた。写真は八王子からの臨時列車で武蔵野線貨物線を通過していた。武蔵野線府中本町〜梶ケ谷貨物ターミナル間、2013年4月撮影。

座席を窓に面した配置としていること、このような特急車両並みの設備を持ちながらもすべて自由席であり、特別料金が不要であることで、気軽に乗れる観光列車として親しまれてきた。

このリゾート21シリーズの最終モデルが、1993（平成5）年に登場した5次車の「アルファ・リゾート21」である。この電車は伊豆急から JR東海道線に乗り入れて東京と伊豆急下田を結ぶ特急「リゾート踊り子」などに運用され、JRの「スーパービュー踊り子」と並ぶ伊豆の看板列車として活躍したが、豪華ツアー列車「THE ROYAL EXPRESS」に改造されることになり、外観・内装ともに水戸岡鋭次氏のデザインによって大幅にリニューアルされ、2017（平成29）年に再デビューを飾った。現在は北海道などにも足を延ばしている。

あとがき

今回も黎明期の私鉄有料特急がいかに1960年代のヨーロッパの車両デザインの影響を受けたか……ということを執筆したが、私鉄ファンというもののご当地の贔屓の車両には、私の「比較論」を否定する者も多い。その気持ちは分かるが、名鉄「パノラマカー」の計画にあたっては当時の名鉄社長がイタリアの展望列車「セッテベロ」に乗ってから、帰国後に社員に「セッテベロと同じ電車をつくれ」と訓示した話はあまりにも有名だ。「セッテベロ」は日本の私鉄のみならず当時の国鉄の車両デザインに大いに影響を与えた。私はこの事実を認識したうえで、今回の本を書いた。すべて私が現地で見て、撮ってきた経験上のことである。

話は変わるが、若い頃から私鉄特急を撮影していると、その姿に「夢と憧れ」を感じていた。撮ると同時に乗ってみたい気持ちになったものである。近鉄「ビスタカーⅡ世」に初めて乗ったときの「衝撃」は飛行機以上の体験だったし、東武ＤＲＣが日光観光の外国人により1両がすべて占められていた国際特急の雰囲気も忘れ難い。当時、これらの私鉄特急を見て乗って撮った、私のヨーロッパの国際列車の憧れに通じたものだった。

今も、絶えず新しい私鉄特急が誕生しているが、どれもこれもが私の黎明期の夢が実現されている車両ばかりだ。喜寿まで長生きして本当によかった。

２０２３年10月　南 正時

Profile

南 正時(みなみ・まさとき)

1946年福井県生まれ。アニメ制作会社勤務時に知り合ったアニメーター大塚康生氏の影響を受け蒸気機関車の撮影に魅了され、以後50年以上に渡り鉄道を撮り続ける。1971年に鉄道写真家として独立、以後新聞、鉄道雑誌、旅行雑誌にて撮影、執筆で活躍。勁文社の鉄道大百科シリーズをはじめとして著書は50冊以上を数える。鉄道のほか湧水、映画「男はつらいよ」がライフワーク。近著に『旅鉄BOOKS037 南正時の知られざる廃線』、『旅鉄BOOKS060 寝台特急追跡乗車記』、『昭和のアニメ奮闘記』、『旅鉄BOOKS066 急行列車追跡乗車記』、『旅鉄BOOKS069 ヨーロッパ国際列車追跡乗車記』(いずれも天夢人)がある。

編集
真柄智充（「旅と鉄道」編集部）

編集協力・校閲
小佐野景寿

ブックデザイン
小林幸恵（エルグ）

写真協力
レイルウエイズグラフィック

取材協力（当時の取材協力を含む）
東武鉄道・小田急電鉄・近畿日本鉄道・
南海電鉄・名古屋鉄道・西武鉄道・京成電鉄・
長野電鉄
重田裕章（IRSJ）

フィルムデジタル化
©Masatoki MINAMI FILM ARCHIVES

旅鉄BOOKS 070

私鉄特急追憶乗車記

2023年11月21日　初版第1刷発行

著　者　南 正時
発行人　藤岡 功
発　行　株式会社天夢人
〒101-0051　東京都千代田区神田神保町 1-105
https://www.temjin-g.co.jp/
発　売　株式会社山と溪谷社
〒101-0051　東京都千代田区神田神保町1-105
印刷・製本　株式会社シナノパブリッシングプレス

◉ 内容に関するお問合せ先
「旅と鉄道」編集部　info@temjin-g.co.jp　電話 03-6837-4680
◉ 乱丁・落丁のお問合せ先
山と溪谷社カスタマーセンター　service@yamakei.co.jp
◉ 書店・取次様からのご注文先
山と溪谷社受注センター　電話 048-458-3455　FAX048-421-0513
◉ 書店・取次様からのご注文以外のお問合せ先
eigyo@yamakei.co.jp

・定価はカバーに表示してあります。

Printed in Japan
ISBN978-4-635-82547-4